MÁRIO MASCARENHAS

O MELHOR DA MÚSICA POPULAR BRASILEIRA

Com cifras para piano, órgão, violão e acordeon

9º volume

230-A

Irmãos Vitale S.A. Indústria e Comércio
www.vitale.com.br
Rua França Pinto, 42 Vila Mariana São Paulo SP
CEP: 04016-000 Tel.: 11 5081-9499 Fax: 11 5574-7388

© Copyright 2001 by Irmãos Vitale S/A Ind. e Com. - São Paulo - Brasil
Todos os direitos autorais reservados para todos os países. *All rights reserved.*

Dados Internacionais de Catalogação na Publicação (CIP)
(Câmara Brasileira do Livro, SP, Brasil)

Mascarenhas, Mário
    O Melhor da música popular brasileira : com cifras para piano, violão e acordeon, 9º volume / Mário Mascarenhas. -- São Paulo : Irmãos Vitale, 2001.

1. Acordeon - Estudo e ensino 2. Música - Estudo e ensino 3. Música popular (canções, etc.) - Brasil 4. Órgão - Estudo e ensino 5. Piano - Estudo e ensino 6. Violão - Estudo e ensino I. Título

01-1603   CDD-780.42098107

Índices para catálogo sistemático:
1. Música popular brasileira : Estudo e ensino 780.42098107

Mário Mascarenhas

CRÉDITOS

ILUSTRAÇÃO DA CAPA
Lan

PRODUÇÃO GRÁFICA
Marcia Fialho

REVISÃO DE TEXTO
Marcos Roque

GERENTE DE PROJETO
Denise Borges

PRODUÇÃO EXECUTIVA
Fernando Vitale

NOTA DO EDITOR

A coleção O Melhor da Música Popular Brasileira, de autoria do falecido Prof. Mário Mascarenhas, foi idealizada, na década de 80, para registrar as partituras das mais famosas composições musicais de autores brasileiros, num total de mil obras.

Este volume IX vem dar seqüência ao desejo do autor em homenagear a nossa cultura musical, incorporando à coleção cem expressivas obras que se tornaram famosas no Brasil e no exterior.

Várias dessas canções foram selecionadas e transcritas para piano em arranjos elaborados pelo próprio Prof. Mascarenhas. Todavia, com o objetivo de incluir na coleção importantes músicas compostas nos últimos anos, acrescentamos obras inéditas à seleção original, seguindo o mesmo estilo dos arranjos do autor, conforme autorização de seus herdeiros.

Fernando Vitale

ÍNDICE

A COR DA ESPERANÇA – Roberto Nascimento e Cartola	104
A PAZ – Gilberto Gil e João Donato	120
ACONTECE – Cartola	126
ACONTECIMENTOS – Marina Lima e Antonio Cícero	108
ADMIRÁVEL GADO NOVO – Zé Ramalho	101
AMOR DE ÍNDIO – Beto Guedes e Ronaldo Bastos	144
AMOROSO – Garôto e Luiz Bittencourt	272
AOS NOSSOS FILHOS – Ivan Lins e Vitor Martins	106
APARÊNCIAS – Cury e Ed Wilson	99
ARREPENDIMENTO – Silvio Caldas e Cristovão de Alencar	270
AVES DANINHAS – Lupicinio Rodrigues	122
BAIÃO CAÇULA – Mário Genari Filho e Felipe Tedesco	222
BAILA COMIGO – Rita Lee e Roberto de Carvalho	128
BANHO DE ESPUMA – Rita Lee e Roberto de Carvalho	224
BEIJA-ME – Roberto Martins e Mário Rossi	96
BIJUTERIAS – João Bosco e Aldir Blanc	93
BOAS FESTAS – Assis Valente	216
BOM DIA TRISTEZA – Adoniran Barbosa e Vinícius de Moraes	214
BRIGAS NUNCA MAIS – Antonio Carlos Jobim e Vinícius de Moraes	212
BRINCAR DE VIVER – Guilherme Arantes e Jon Lucien	90
CÁLICE – Gilberto Gil e Chico Buarque de Hollanda	88
CASINHA BRANCA – Gilson e Joran	86
CASO COMUM DE TRÂNSITO – Belchior	83
CHOROS Nº 1 – Heitor Villa-Lobos	209
COISA MAIS LINDA – Carlos Lyra e Vinicius de Moraes	257
COMEÇO, MEIO E FIM – Tavito, Ney Azambuja e Paulo Sérgio Valle	79
CORAÇÃO LEVIANO – Paulinho da Viola	206
CORRENTE DE AÇO – João Nogueira	75
DÁ-ME TUAS MÃOS – Erasmo Silva e Jorge de Castro	124
DE ONDE VENS – Nelson Motta e Dory Caymmi	71
DEVOLVI – Adelino Moreira	73
DOLENTE – Jacob do Bandolim	268
E NADA MAIS – Durval Ferreira e Lula Freire	66
E SE – Francis Hime e Chico Buarque de Hollanda	264
ESPELHOS D´ÁGUA – Dalto e Cláudio Rabello	64
ESPERE POR MIM, MORENA – Gonzaga Júnior	61
ESTÁCIO HOLLY ESTÁCIO – Luiz Melodia	58
ESTRANHA LOUCURA – Michael Sulivan e Paulo Massadas	68
EU APENAS QUERIA QUE VOCÊ SOUBESSE – Gonzaga Júnior	55
FACE A FACE – Suely Costa e Cacaso	203
FAZ PARTE DO MEU SHOW – Cazuza e Renato Ladeira	199
FÉ CEGA, FACA AMOLADA – Milton Nascimento e Ronaldo Bastos	52
FEIA – Jacob do Bandolim	196
FEIJÃOZINHO COM TORRESMO – Walter Queiroz	50
FIM DE NOITE – Chico Feitosa e Ronaldo Boscoli	192
FITA MEUS OLHOS – Peterpan	47
FOI ASSIM – Paulo André e Ruy Barata	189

Título	Autor(es)	Página
FOTOGRAFIA	Antonio Carlos Jobim	45
GUARDEI MINHA VIOLA	Paulinho da Viola	43
HOMENAGEM A VELHA GUARDA	Paulo César Pinheiro e Sivuca	182
IDEOLOGIA	Frejat e Cazuza	185
ILUMINADOS	Ivan Lins e Vitor Martins	180
JOU-JOU BALANGANDANS	Lamartine Babo	177
LAMENTO NO MORRO	Antonio Carlos Jobim e Vinícius de Moraes	194
LINDO BALÃO AZUL	Guilherme Arantes	174
LINHA DE PASSE	João Bosco, Paulo Emílio e Aldir Blanc	226
MALUCO BELEZA	Raul Seixas e Claudio Roberto	275
MANHÃS DE SETEMBRO	Vanusa e Mário Campanha	254
MANIA DE VOCÊ	Rita Lee e Roberto de Carvalho	252
MEDITAÇÃO	Antonio Carlos Jobim e Newton Mendonça	249
MEU DRAMA	Silas de Oliveira e J. Ilarindo	246
MINHA RAINHA	Lourenço e Rita Ribeiro	37
MORRER DE AMOR	Oscar Castro Neve e Luvercy Fiorini	40
NOSTRADAMUS	Eduardo Dusek	241
O POETA APRENDIZ	Toquinho e Vinícius de Moraes	239
O TREM DAS SETE	Raul Seixas	31
OLHE O TEMPO PASSANDO	Dolores Duran e Edson Borges	244
ORAÇÃO DE MÃE MENININHA	Dorival Caymmi	34
PEDAÇO DE MIM	Chico Buarque de Hollanda	235
PEGUEI A RETA	Porfírio Costa	232
PELO AMOR DE DEUS	Paulo Debétio e Paulinho Rezende	219
PERIGO	Nico Resende e Paulinho Lima	29
POXA	Gilson de Souza	27
PRANTO DE POETA	Nelson Cavaquinho e Guilherme de Brito	230
PRECISO APRENDER A SÓ SER	Gilberto Gil	170
PRELÚDIO	Hervê Cordovil e Vicente Leporace	167
PRELÚDIO Nº 3	Heitor Villa-Lobos	135
PRO DIA NASCER FELIZ	Frejat e Cazuza	164
QUALQUER COISA	Caetano Veloso	161
QUANDO O TEMPO PASSAR	Herivelto Martins e David Nasser	25
RANCHO DO RIO	João Roberto Kelly e J. Ruy	158
RATO RATO	Casemiro Rocha e C. Costa	155
RENÚNCIA	Roberto Martins e Mário Rossi	23
RIO DE JANEIRO (ISTO É MEU BRASIL)	Ary Barroso	151
SAUDADE QUERIDA	Tito Madi	132
SEM PECADO E SEM JUÍZO	Baby Consuelo e Pepeu Gomes	142
SENTINELA	Milton Nascimento e Fernando Brant	147
SEPARAÇÃO	José Augusto e Paulo Sérgio Valle	115
SEREIA	Lulu Santos e Nelson Motta	20
SERENATA DA CHUVA	Ewaldo Gouveia e Jair Amorim	172
SOL DE PRIMAVERA	Beto Guedes e Ronaldo Bastos	260
SOMOS IGUAIS	Ewaldo Gouveia e Jair Amorim	18
SONHOS	Peninha	15
SORRIU PRA MIM	Garoto e Luiz Claudio	130
TELETEMA	Antônio Adolfo e Tibério Gaspar	10
TODA FORMA DE AMOR	Lulu Santos	138
TODO AZUL DO MAR	Flávio Venturini e Ronaldo Bastos	12
TRISTEZA DE NÓS DOIS	Durval Ferreira, Maurício Einhorn e Bebeto	118
UM SER DE LUZ	João Nogueira, Paulo César Pinheiro e Mauro Duarte	111
UMA JURA QUE FIZ	Ismael Silva, Francisco Alves e Noel Rosa	7

Uma jura que fiz
Samba

Ismael Silva, Francisco Alves e
Noel Rosa

```
TOM - SÍ BEMOL - Bb F7 Bb
INTRODUÇÃO: Eb F7 Bb Dm7 F7/C
```

Refrão:

```
            Bb6/9
Não tenho amor
            F7/C
Nem posso amar
      F7      Bb
Prá não quebrar
        Gm7      Cm7  G7  Cm7
Uma jura que fiz
            Cm  Cm7
E prá não ter
            Cm  Cm7
Em quem pensar
      F7
Eu vivo só
          C7/9  F7
E sou muito feliz.
            Bb6/9  D7
```

BIS

```
      D7         Gm  D7
Um amor prá ser traído
              G7  Cm
Só depende da vontade
              Gm  A7
Mas existe amor fingido
        A7/13   D7  Eb
Que nos traz felicidade
              D7  G7
A mulher vive mudando
              Cm
De idéia e de ação
      D7         Gm  A
E o homem vai penando
        A7/13   D7  F7
Sem mudar de opinião.
```

Teletema

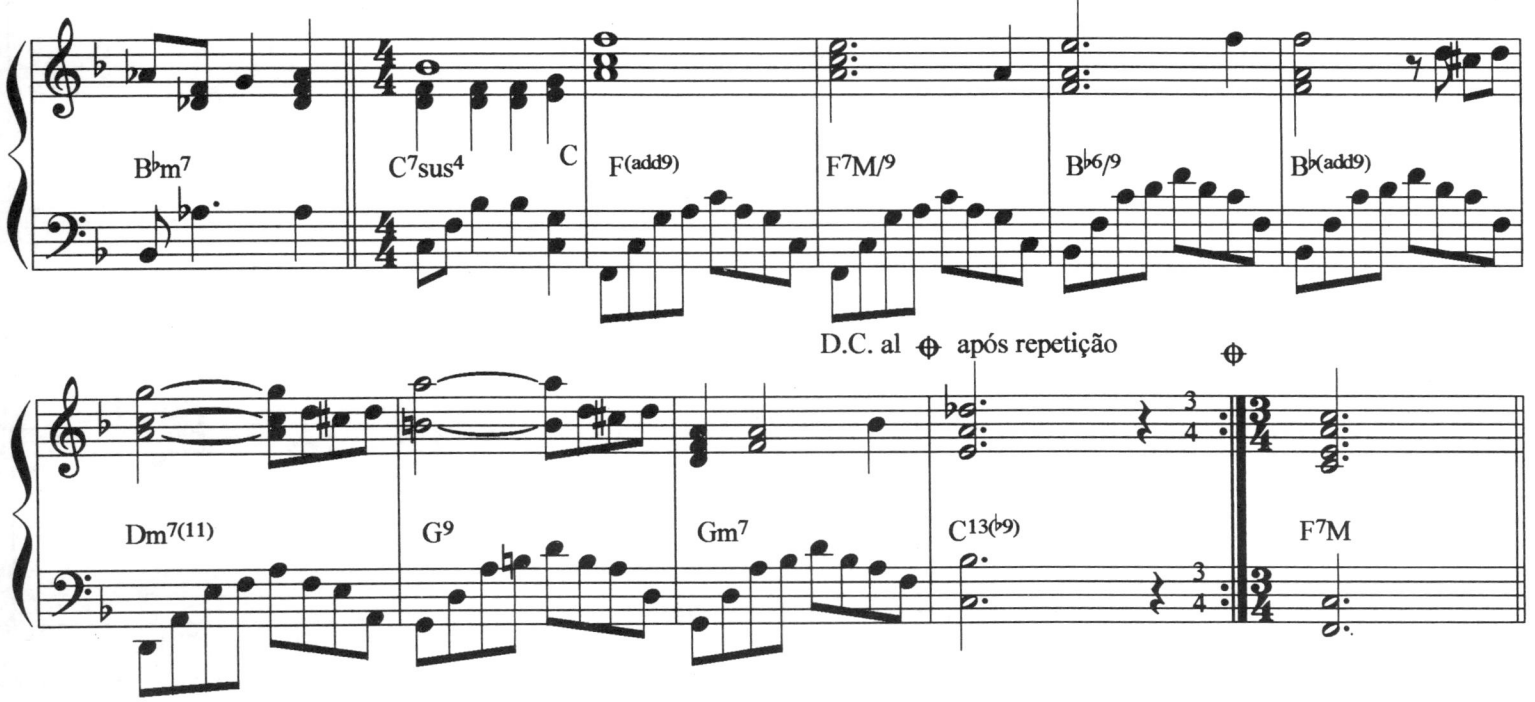

TOM - FÁ MAIOR - F C7 F
INTRODUÇÃO: F7M Bb/C F7M Bb/C

F   F7M   G/A
Rumo estrada turva só despedida
                  A7   Dm
Por entre lenços brancos de partida
               G   Gm7/9   Eb7
Em cada curva sem ter você vou mais só
Ab   Ab7M
Corro rompendo laços, abraços
Db/Eb   C7
Beijos e em cada passo
              Fm7   Bb7/D Bb7
É você quem vejo no telespaço
   Db/Eb   C7
Pousada em cores do além.

F   F7M   G6/A
Brando corpo celeste meta metade
               A7   Dm
Do meu santuário, minha eternidade
        G   Bb7M/C   Eb7
Iluminando o meu caminho e fim.
Ab   Ab7M   Db/Eb
Dando a incerteza tão passageira
          C7/9   Fm
Nós viveremos uma vida inteira
    Bb7/D   Bb7   Db/Eb   C7
Eternamente somente os dois mais ninguém
(Para o fim) -- C7/9 F7M

F F7M Bb6/9 Bb
Eu vou de sol a sol desfeito
    Dm7(11)   G7/9
Em cor perfeito em som perfeito
   Bb/C   C
Em tanto amor.

Todo azul do mar

Flávio Venturini e
Ronaldo Bastos

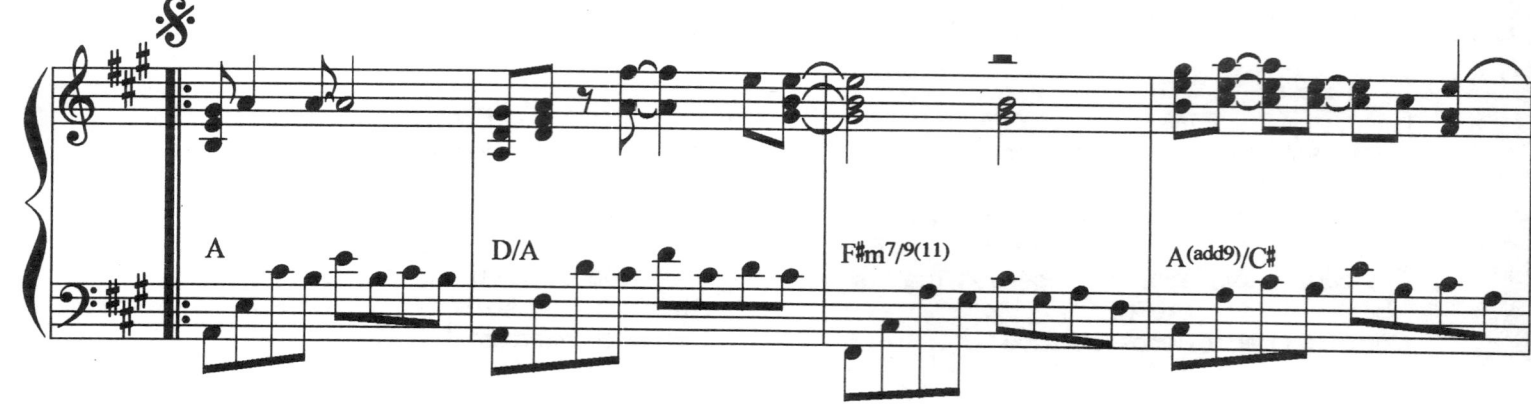

© Copyright 1984 by TRÊS PONTAS EDIÇÕES MUSICAIS LTDA.
© Copyright 1984 by EDIÇÕES MUSICAIS TAPAJÓS LTDA.
© Copyright 1984 by CARAMELLO EDIÇÕES MUSICAIS LTDA.
Todos os direitos autorais reservados para todos os países. *All rights reserved.*

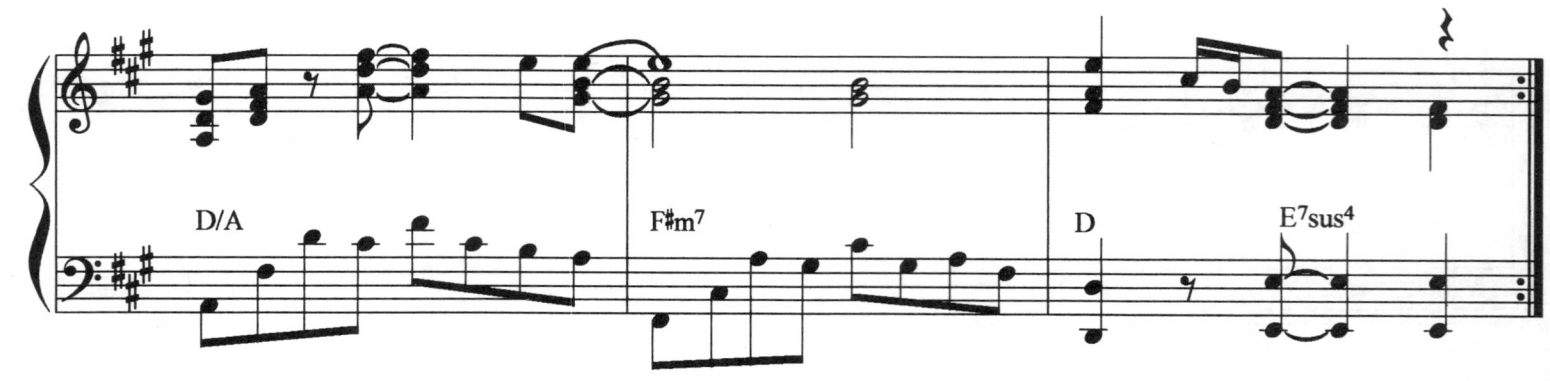

```
TOM - LÁ MAIOR - A E7 A
INTRODUÇÃO: A D E/F# D E
```

A
Foi assim
    D/A   F#m7/9(11)
Como ver o mar
A(add9)C#   D(add9)
A primeira vez
        A(add9)C# Bm7
Que meus olhos
          Esus4 E7
Se viram no seu olhar

        A
Não tive a intenção
   D/A   F#m7/9(11)
De me apaixonar
A(add9)C#   D(add9) A(add9)C# Bm7
Mera distração   e já era
                Esus4 E
Momento de se gostar

    D   A(add9)C#
Quando eu dei por mim
    D   A/E
Nem tentei fugir
   Bm   C#/E# F#m
Do visgo que me prendeu
B7sus4 B7   Esus4 E
Dentro do seu olhar

    D   A(add9)C#
Quando eu mergulhei
  D   A/E
No azul do mar
   Bm   C#/E# F#m
Sabia que era   amor
B7sus4 B7   Esus4 E
E vinha pra ficar

   A
Daria pra pintar
  D/A   F#m7/9(11)
Todo azul do céu
A(add9)C#   D(add9) A(add9)C# Bm7
Dava pra encher   o universo
                   Esus4 E
Da vida que eu quis pra mim

   D   A(add9)C#
Tudo o que eu fiz
   D   A/E
Foi me confessar
   Bm   C#/E# F#m
Escravo do seu   amor
B7sus4 B7   Esus4 E
Livre   pra amar

   D   A(add9)C#
Quando eu   mergulhei
   D   A/E
Fundo neste olhar
   Bm   C#/E# F#m
Fui dono do mar   azul
B7sus4 B7   Esus4 E
De todo azul do mar

A   D/A   F#m7/9(11) D
Foi assim como ver o mar
            A   D/A   C#m7 D
Foi a primeira vez que eu vi o mar
A   D/A   C#m7 D
Onda azul todo azul do mar
            A   D/A   C#m7 D
Daria pra beber todo azul do mar
              A   D/A   C#m7
Foi quando mergulhei no azul do mar ...

Sonhos

Peninha

TOM - RÉ MENOR Dm A7 Dm
INTRODUÇÃO: Dm9

Dm
Tudo era apenas uma brincadeira
　　A7
E foi crescendo, crescendo me absorvendo
　　　　　　D7sus4　　　　　D7
E de repente eu me vi assim
Gm　　　Gm7/9 Gm Gm7 Gm6
Completamente seu
Em7/5-　　　　　A7　　　　　Dm
Vi a minha força amarrada no seu passo
　　　　　　　　　　　　　　　　　　Bb7
Vi que sem você não tem caminho, eu não me acho

Vi um grande amor gritar dentro de mim
　　　　　　　　A7　　　　G/A A7/9
Como eu sonhei um dia
Dm
Quando o meu mundo era mais mundo
　　　　　　　A7
E todo mundo admitia uma mudança muito estranha
　　　　　　　　　　D7sus4　　　　　　D7
Mais pureza, mais carinho, mais calma, mais alegria
　　　　　　　　　　Gm
No meu jeito de me dar
Gm6/Bb　　　　　　　　A7　　　　　　Dm
Quando a canção se fez mais forte e mais sentida
　　　　　　　　　　Dm/C　　　　Bb7
Quando a poesia fez folia em minha vida

Você veio me contar dessa paixão inesperada
　　A7　　　　G/A A7/9
Por outra pessoa

Dm
Mas não tem revolta não

Eu só quero que você se encontre
A7/C#
Ter saudade até que é bom

É melhor que caminhar vazio
D/C
A esperança
　　　D7　　　　　　　　　Gm
É um dom que eu tenho em mim

Eu tenho sim
A7
Não tem desespero não,

Você me ensinou milhões de coisas,
Dm
Tenho um sonho em minhas mãos,

Amanhã será um novo dia
　A7　　　　　　　　　　　　　　　Dm Em7/5- A7
Certamente eu vou ser mais feliz.

Somos iguais
Bolero

Ewaldo Gouveia e
Jair Amorim

TOM DÓ MAIOR - C G7 C
INTRODUÇÃO: F7M Em7 Dm7 C7M/9 Dm7 G

    C   C7M/9 G7sus4
   Acabei de saber
C7M   F   Em7
   Que você riu de mim
F7M   Em7
   E depois perguntou
                  Dm7
   Se eu vivi, se eu morri
           Gsus4 G
   Já que tudo acabou
   C   F/G   C7M/9 G7sus4
   Eu sei lá se você
C7M   F   Em7
   Quis de fato saber
F7M   Em7
   Pelo sim, pelo não,
             Dm7
   Abro o meu coração
             Em7/5- A7
   É melhor lhe dizer:

   Dm7   G7
Eu sou o mesmo que você deixou
   C7M   A7
Eu vivo aqui onde você viveu
   Dm7   G7sus4 G7
Existe em mim o mesmo amor
          Bbdim   A7
Aquele amor que nunca mais foi meu
   Dm7   G7
Porque viver a me humilhar assim?
   C7M   A7
Porque matar esta ilusão em mim?
   Dm7   G7sus4 G7
Você e eu somos iguais,
          Cadd9 G7sus4 Cadd9
Não mudamos jamais.

Sereia

Lulu Santos e Nelson Motta

```
TOM - FÁ MAIOR - F  C7  F
INTRODUÇÃO: F
```

```
F                    C
Clara como a luz do sol
            Dm              C
Clareia luminosa nessa escuridão
F                    C
Bela como a luz da lua
            Dm                    C
Estrela do Oriente nesses mares do Sul
                     Gm7      Am7
Clareia azul do céu, na paisagem
            Bb   F/A     Gm7
Será magia miragem milagre
C    F     Gm7
Será mistério

              Gm7     Am7  Gm7
Prateando o horizon__ te
                         Am7   F   F7M  Gm7
Brilham rios e fontes numa cascata de luz
          Gm7              Bbm6
No espelho dessas águas
                           G
Vejo a face luminosa do amor
                            C
As ondas vão e vem e vão e são como o tempo
F                    C
Luz do divinal querer
             Dm           Am
Seria uma sereia ou seria só
            Bb    C      F    Dm
Delírio tropical, fantasia ou será
             Bb
Um sonho de criança
            C        F
Sob um sol da manhã.
```

Renúncia

Fox-canção

Roberto Martins e
Mario Rossi

```
TOM - RÉ MAIOR - D A7 D
INTRODUÇÃO: D Bm7 Em7 A7/13 D Bm7
E7 Em7/9 A7/13 Em7/9 A7/13 Dadd9 Gm7 A7/9/13
```

D
Hoje não existe
     E7
Nada mais entre nós dois
A7
Somos duas almas
     D   Em7 A7/9
Que se devem separar
D
O meu coração
     A   F#m7
Vive chorando em minha voz
Bm7   E7
Já sofremos tanto
     Em7   A7 Em7 A7
Que é melhor renunciar,

     D G7 D7M
A minha renúncia
     Bm7   Em7 A7 Em7
Enche-me a alma e o coração de tédio
     A7   Em7
A tua renuncia
     A7   D G/A Aadd9
Dá-me um desgosto que não tem remédio
     Am7 D7 G7M
Amar é viver
     Gm6
É um doce prazer
     F#m7
Embriagador e vulgar,
  Bm7   E7
Difícil no amor:
Em7   A7 D/A D7M/A G6/A Aadd9
É saber renunciar.

Quando o tempo passar
Bolero

Herivelto Martins e
David Nasser

TOM - SÍb MAIOR - Bb F7 Bb
INTRODUÇÃO: Ebm6 Ebm6/Gb Bb/F Bb6/9
G7 Cm7 F7 Bb6 Gm7 Cm7 F7

Bbadd9 Bb7M/9   Fm6/Ab G7
Sei,   quando o tempo passar
                Ebm6/Gb F7
Ninguém vai lembrar
              Bb6/9 Gm7 Cm7 F7
Que nós dois existi - mos.

Bbadd9 Bb7M/9   Fm6/Ab G7
Sei,   nosso amor foi um sonho
                Ebm6/Gb F7
De um passado risonho
              Bb6/9 G7
Que nós dois destruímos.

Cm7(11)   F7
Partirei,
           Bb   Ab7   G7
Mas sei que não irei sozinho
           Cm7   F7
A noite vai no meu caminho
           Bb6/9 G7
A noite e mais ninguém
Cm7   F7
Partirás,
           Bb   Ab7   G7
Serás feliz na tua estrada
           Cm7   F7
Por outro amor iluminada
              Bbadd9 Cm7/9(11) F7
Pois não te quero mal meu bem.

Pôxa
Samba-chôro

Gilson de Sousa

TOM - LÁ MENOR - Am E7 Am
INTRODUÇÃO: Dm7 G7 C F7M
Bm7(5-) E7 Am Bm7(5-) E7

    Am   Am7/9   Dm7
Pôxa como foi bacana te encontrar de novo
             Dm7/C   Bm7(5-)
Curtindo samba junto com o meu povo
        E7   Am Em7(5-) A7
Você não sabe como eu acho bom
      Dm   G7   C7M
Eu te falei, que você não ficava nem uma semana
         Am7   Dm
Longe desse poeta que tanto te ama
       E7   Gm6/Bb A7
Longe da batucada e do meu amor
Dm7   G7   C7M
Pôxa por que você não pára pra pensar um pouco
         Am7   Dm7
Não vê que é um motivo de um poeta louco
       E7   Gm/Bb A7
Que quer o seu amor pra te fazer canção
Dm7   G7   C7M
Pôxa não entre nessa de mudar de assunto
         Am7   Dm7
Não vê como é gostoso a gente ficar junto
      E7   Am Bm7(5-) E7
Mulher, o teu lugar é no meu coração.

Perigo

Nico Resende e
Paulinho Lima

```
TOM-- RÉ MAIOR - D  A7  D
INTRODUÇÃO: D  G7M/9  G6  D  G7M/9  G6
```

D
  Nem quero saber
G   D
  Se o clima é pra romance
          G
  Eu vou deixar correr
D   G7M
  De onde isso vem
        D
  Se eu tenho alguma chance
      G
  A noite vai dizer
Em   D/F#   E/G# E7/G#
  Nisso todo mundo é igual
G7M   D/F#   E7sus4 E7 Asus4
  Anjo do bem gênio do mal

Dadd9   Bm
  Perigo é ter você perto dos olhos
              G   G7M/9
  Mas longe do coração
Dadd9   Bm
  Perigo é ver você assim, sorrindo
           G   G7M/9
  Isso é muita tentação
G7M   Gm7M   Gm6
  Teus olhos, teu sorriso, uma noite, então.

O trem das sete

Raul Seixas

```
TOM - LÁ MAIOR - A E7 A
INTRODUÇÃO: A D E7sus4 A Aadd9
```

Aadd9
Oi, oi o trem
      A
Vem surgindo detrás

Das montanhas azuis
      Aadd9
Olha o trem

Oi, oi o trem
  D
Vem trazendo de longe
  E7   Aadd9
As cinzas do velho néon
      A
Oi já evem, fumegando, apitando,
      Aadd9
Chamando os que sabem do trem

Oi é o trem
  D
Não precisa passagem
  E7   Aadd9
Nem mesmo bagagem no trem
    E7   A Aadd9
Quem vai chorar, quem vai sorrir,
    E7   A Aadd9
Quem vai ficar, quem vai partir
  D/E E7 A
Pois o trem está chegando
  E7   A
Está chegando na estação
  E7   A
É o trem das sete horas
  E7   A Aadd9   E7
É o último do sertão,   do sertão

Aadd9
Oi, oi o céu
      A
Já não é o mesmo céu que você conheceu,
      Aadd9
Não é mais

Vê, oi que céu
  D   E7   Aadd9
É um céu carregado e rajado, suspenso no ar

Vê, é o sinal
  D   E7   Aadd9
É o sinal das trombetas, dos anjos e dos guardiões

Oi, lá vem DEUS
  D   E7   Aadd9
Deslizando entre brumas de mil megatons

Oi, oi o mal
  D   E7
Vem de braços e abraços com o bem
      F#m
Num romance astral
E A
A__mém.

Oração de Mãe Menininha
Toada

Dorival Caymmi

Rep. ad lib.

TOM - SOL MAIOR - G D7 G
INTRODUÇÃO: C/D G Am7 C/D G C/D

BiS
    Am7 G/B   Am7 G7M
O coração da gente, ai?
       E7/9- Am7
Tá no Gantois
               D7
E a oxum mais bonita, hein?
      G C/D G
Tá no Gantois

   E7/9-   Am7
Olorum que mandô
    Am6   Am7
Essa filha de oxum
    Am6   Am7
Tomá conta da gente,
   D7   G
E de tudo cuidá
   G7M   Am7 D7 G
Olorum que mandô

Ê Ô

Ora lê lê ô

G Am7   G/B Am7
Ai,   minha mãe
      G   E7/9- Am7
Minha mãe menini___nha
C/D   D7
Ai, minha mãe
            G C/D D7
Menininha de Gantois

    Am7   G7M   Am7 G7M
A estrela mais linda, hein?
      E7/9- Am7
Tá no Gantois
          D7
E o sol mais brilhante, hein?
     G C/D G
Tá no Gantois
    Am7 G/B   Am7 G7M
A beleza do mundo, hein?
     E7/9- Am7
Tá no Gantois
         D7
E a mão da doçura, hein?
     G C/D G
Tá no Gantois

Minha rainha
Samba

Lourenço e
Rita Ribeiro

2.
Am7(5-)
D7
Gm
Dm7(5-)
G7(b9)
Cm7
C#dim
Gm/D
Eb7M
Am7(5-)
D7
Fm6/Ab
G7(b9)
Cm
F7
Bb
Bbmaj7
Gm7
Cm7

TOM - SOL MENOR - Gm D7 Gm
INTRODUÇÃO: Cm/Eb A7 Gm/Bb
Eb Am7(5-) D7 Gm Am7(5-) D7

      Gm
Um dia
              Cm
Você vai pensar direito
           Cm/Bb Am(5-)
E vai procurar um jeito
  D7   Gm Am7(5-) D7/A
Para me pedir perdão
  Gm
É bem melhor
          Cm
Você pensar agora
           Cm/Bb Am7(5-)
Antes de chegar a hora
  D7   Gm Dm7(5-) G7
Da nossa separação

    Cm7 C#dim
Eu já derramei
      Gm/D
Um rio de lágrimas
    Eb7M
Muitas vezes
         Am7(5-)
Chorei minhas mágoas
   D7
Só porque
       Fm6/Ab G7
Eu te amo demais

Cm   F7
Ai ! amor

Dediquei a você
            Bb Bbadd9 Gm
Minha vida inteirinha
  Gm/Bb
Dos meus sonhos de amor
         Cm Am7(5-)
Fiz você a Rainha
      D7
E você vem falando
     Fm/Ab G7
Em separação

Cm   F7
Ai !. amor

Antes que seja tarde
         Bb Bbadd9 Gm
O arrependimento
        Gm/Bb
Eu não quero ouvir
        Cm Am7(5-)
Mil desculpas lamento
      D7
Porque tudo que fiz
      Gm Eb7 D7
Foi pra lhe ver feliz.

Morrer de amor

Oscar Castro Neves e
Luvercy Fiorini

F(add9)
F(add9)/E♭
B♭/D
G(add9)/F
C/E
A9/G
mf
D/F♯
D7
Gsus4
G7
Dm7
G7
Dm7
G7
Gm7
C7
p
F7M/9
B♭m6/F
G9/F
C/E
f
F/E♭
B♭/D
B♭m/D♭
F
C/E
Dm9

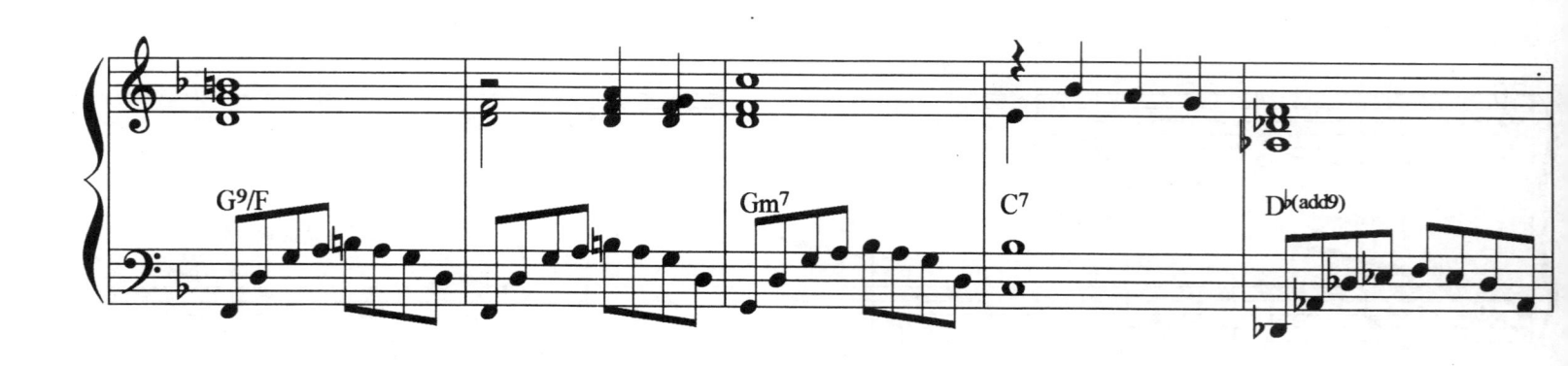

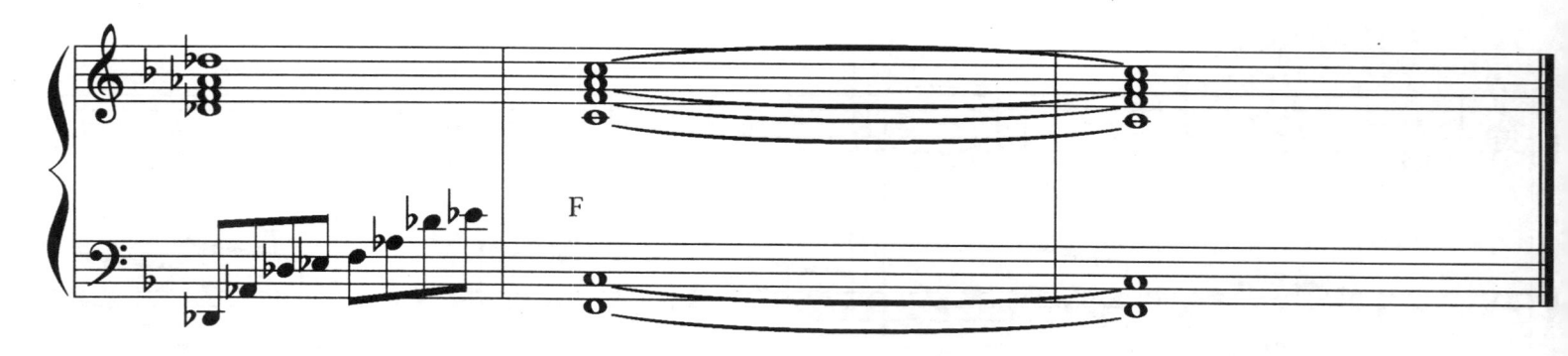

TOM - FÁ MAIOR -
F C7 F

      F7M/9   Bbm/F Bbm
Andei sozinho, cheio de mágoa
      G/F   C/E F/Eb
Pelas estradas, de caminho sem fim
Dm   Bb/D Bbm/Db   F C/E
Tão sem ninguém,   que pensei a -- té
     G/F   Gm7 Bb/C C7/13
Em morrer, em morrer.
      F7M/9   Bbm/F
Mas vendo sempre, que a minha sombra
    G/F   C/E F/Eb
Ia Ficando, cada instante mais só
     Bb/D Bbm/Db F C/E Dm
Muito mais só,   sempre a cami -- nhar
    G/F   Bb/C C7
Para não mais voltar
       F Bb Am F/Eb
Eu quis morrer.
     Bb/D G/F   C/E A/G
Então eu via,   que não morria
       D/F# D7
Eu só queria
  Gsus4 G7 Dm7 G7 Dm7 F/G G7 Bb/C C7
Morrer   de muito a - mor   por ti

          F7M/9   Bbm/F
E hoje eu volto, na mesma estrada
       G/F   C/E F/Eb
Com esperança infinita no olhar.
       Bb/D Bbm/Db   F Ca(dd9)E Dm7
Para entregar,   todo o co - ra - ção
      G/F G7sus4 G7 Bb/C C7   Db/F Bbm/F
Que o amor es - co -lheu, para morrer
  Db/F   F/C   F
Morrer de amor.

Guardei minha viola

Samba

Paulinho da Viola

♩ = 76

TOM - FÁ MAIOR - F C7 F
INTRODUÇÃO: Gm7 C79 F C7

```
         F          Dm7/9       Gm7  C71
Bis  Minha viola vai pro fundo do baú
               C7/9      F7M  Gm7 C7 F7M
     Não haverá mais ilusão
                  Abdim7    Gm7
     Quero esquecer ela não deixa
          Bb/C              C7   F
     Alguém que só me fez ingratidão
             C7
     Minha viola
```

```
 D7           Gm7
   No carnaval
 C7              Am7  Dm7/9
   Quero afastar
         Gm7
   As mágoas que meu
    C7           F7M  Bb7M  Gm7/9
   Samba não desfaz
 Em7/5-  A7          Am7/5-  D7
   Pra facilitar o meu desejo
         Gm7           C7
   Guardei meu violão
                    F
   Não toco mais
              C7
   Minha viola.
```

Fotografia
Bossa

Antonio Carlos Jobim

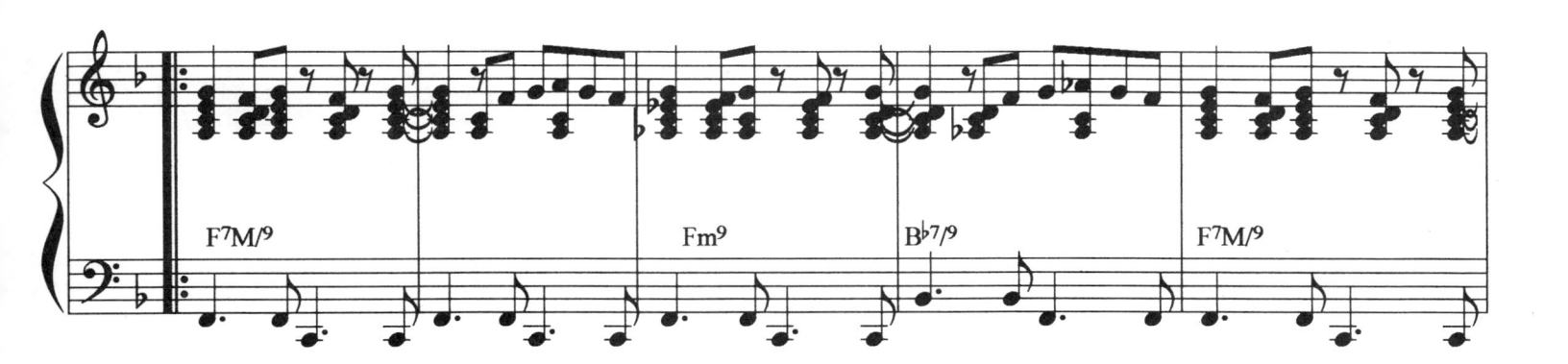

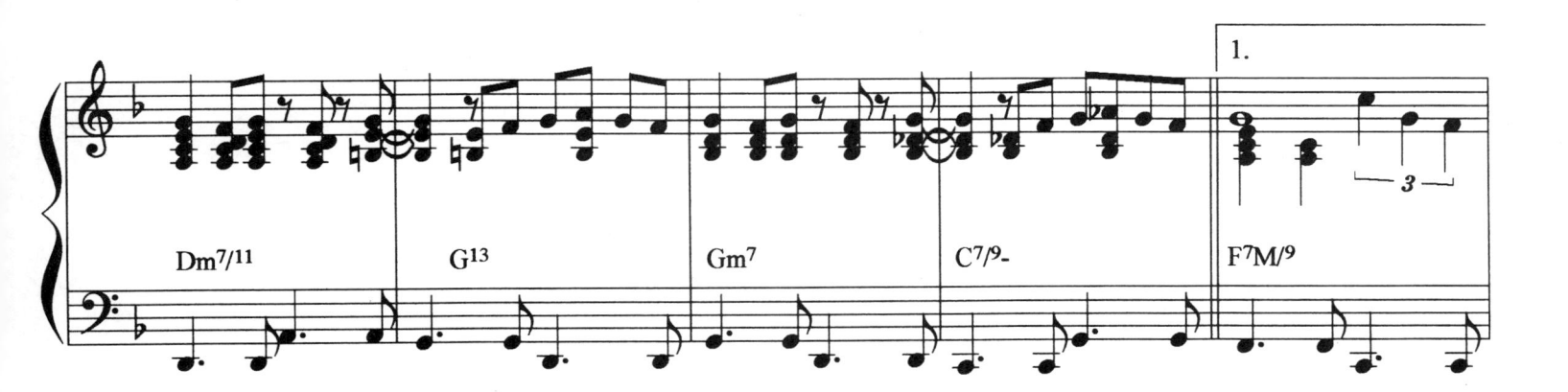

```
TOM - FÁ MAIOR - F C7 F
INTRODUÇÃO: F7M/9  Fm7/9
```

F7M/9
Eu

Você nós dois
          Ab7M/Bb
Aqui neste terraço
      Bb7/9
À beira-mar
         F7M/9
O sol já vai caindo
`Bb7/9   F7M/9
E o seu olhar
            Am7(5-)   D7(9-)
Parece acompanhar a cor do mar
            Gm7/9
Você tem que ir embora
Gm/F   Em7
A tarde cai
   A7(5+)   Dm7/11   G7/9(11)+/13
Em cores se desfaz, escureceu
         Gm7
O sol caiu no mar
    C7(9-)
E aquela luz
         F7M/9
La embaixo se acendeu
    Ab7M/Bb
Você e eu

F7M/9
Eu

Você, nós dois
         Ab7M/Bb
Sozinhos neste bar
     Bb7/9
A meia-luz
        F7M/9
E uma grande lua
Bb7/9   F7M/9
Saiu do mar
          Am7(5-)
Parece que este bar
      D7(9-)
Já vai fechar
          Gm7/9
E há sempre uma canção
Gm/F   Em7
Para cantar
 A7(5+)   Dm7(11)
Aquela velha história
      G7/9(11+)/13
De um desejo
     Gm7
Que todas as canções
   C7(9-)
Têm pra contar
     F7M9
E veio aquele beijo
    Ab7M/Bb F7M Fm7/9
Aquele beijo
   F7M(5+) F7M(9)
Aquele beijo.

Fita meus olhos

Samba

Peterpan

Cm
Gm7(5-)
C7
Fm
Fm6
Cm/E♭
Cm7
Fm
Fm7
Fm/E♭
A♭7/13
G7
Gm7(♭5)
C7(9-)
Fm
Fm/E♭
D7
A♭7
G7
Cm
Cm7
A♭maj7

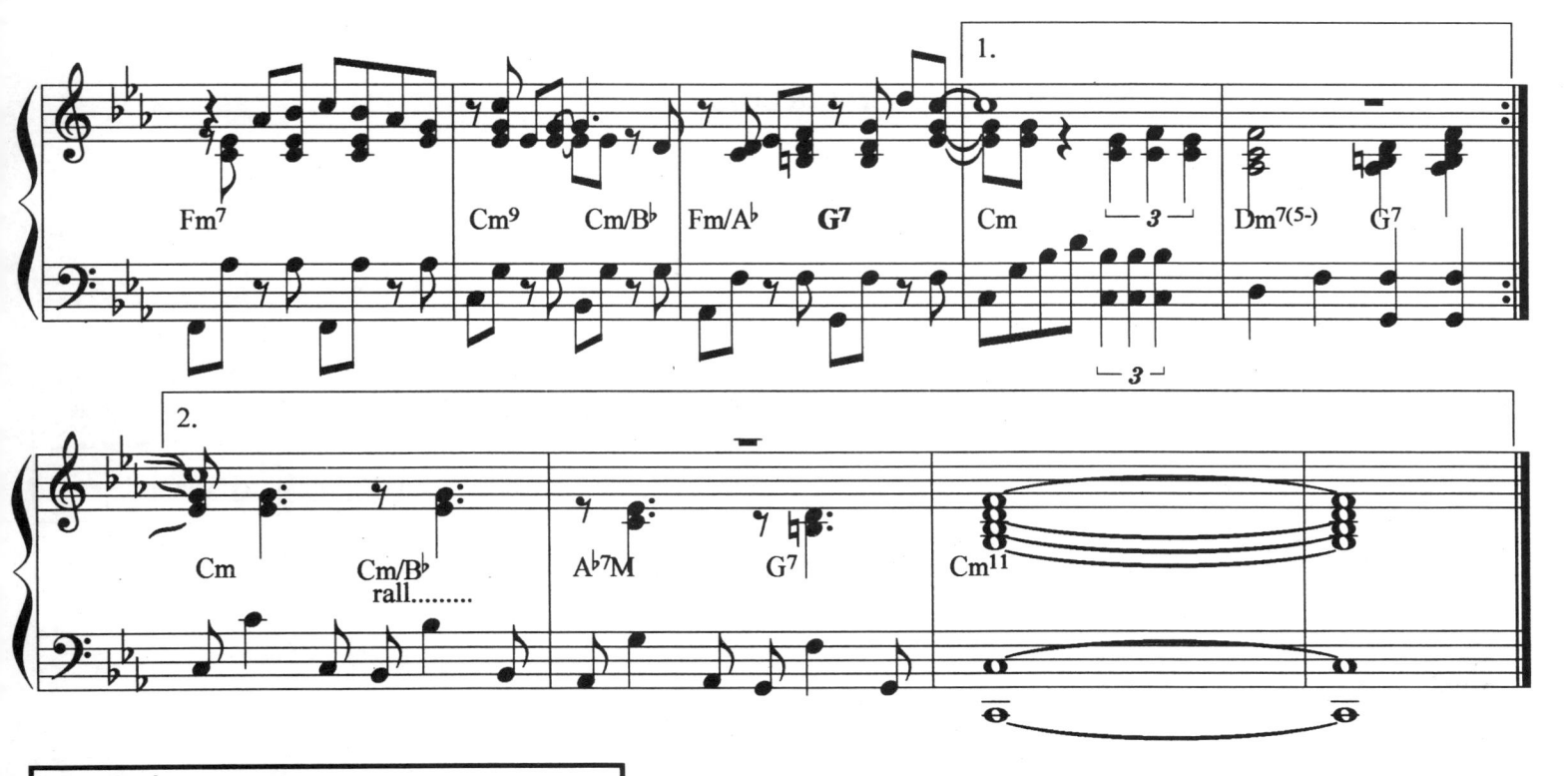

TOM -DÓ MENOR-Cm G7 Cm
INTRODUÇÃO: Fm6 Dm7(5-) Fm6 Ab7 G7

```
Cm        Cm7
Pobre de quem
                Fm7            Fm6
Vive assim como eu neste mundo
                Cm9      Cm9/Bb Fm/Ab
Obrigada a guardar um segredo
         G7       Cm7 Dm7/11 G7
Com amor tão profundo
Cm        Cm7/9
Tenho receio
              Fm7           Fm6
De ouvir meu amor dizer não
              Cm9      Gm/Bb Dm7/G
Pois assim sem saber a certeza
         G7   Cm
Desta linda ilusão.
Fm         Fm6
Queres saber
              Cm7       Cm7/9
Quem me faz viver triste assim
Fm      Fm/Ab Fm7
Queres saber
         Dm7(5-)    Ab7/13  Gsus4 G7
Quem eu gosto e não gosta de mim
         Gm7  C7/9-            Fm Fm7/9
Quem eu quero   e quem só me maltrata
         D7                 Ab7 G7
Como é sincero este amor que me mata
Cm        Cm7        Fm7       Fm/Eb
Fita meus olhos   e procura me compreender
         Dm7(5-)     Cm9  Cm/Bb Fm/Ab
E se não compreenderes enfim
         G7    Cm Dm7(5-)  G7
Só me resta morrer.
```

Feijãozinho com torresmo

Bossa nova

Walter Queiroz

TOM - SOL MAIOR
INTRODUÇÃO: Cm7 D7
D/F# Gm/Bb Gm7 C/D D7

G7M(9)
    Olha eu chegando
        Bm7(5-)   E7(9-)
    Tão cansado e só
Am7   Cm/Eb
    Pedindo desculpas
      Dsus4 D7 F#m7(5-) B7
    Pela nossa dor
Em   Em/D
    Eu não fui embora
      Bm7   Am7
    Eu só me perdi
C7M   Bm7
    Eu estava longe
    Bbm7 Am7   D7(9-)
    Não saí daqui

Gm7/9
    Se você soubesse
        Cm7(9) Cm/Bb
    Como eu demorei
Eb7M   Cm7   D7
    Só para aprender que eu já sei tudo
        Dm7
    E nada sei
G7   Cm   A7   Gm/Bb
    Eu quero nos teus braços ser eu mesmo
Eb7M Gm   Fm7   C/E
    Comer meu feijãozinho com torresmo
Cm/Eb Cm   D7   Gm Eb7M D7
    Beber; tentar dormir; talvez morrer
        Gm Eb7M Cm7 G7M(9)

Fé cega, faca amolada

Milton Nascimento
Ronaldo Bastos

1.
D G/D D7sus4 G/D D G/D D7sus4 G/D
2.
D G/D D7sus4 G/D Em9 A
Em9 A Em9 A
Ao 𝄋 e ⊕
D(add9) D7sus4 D(add9) G/D D7sus4 G/D
D7sus4 G/D Em11 A7M

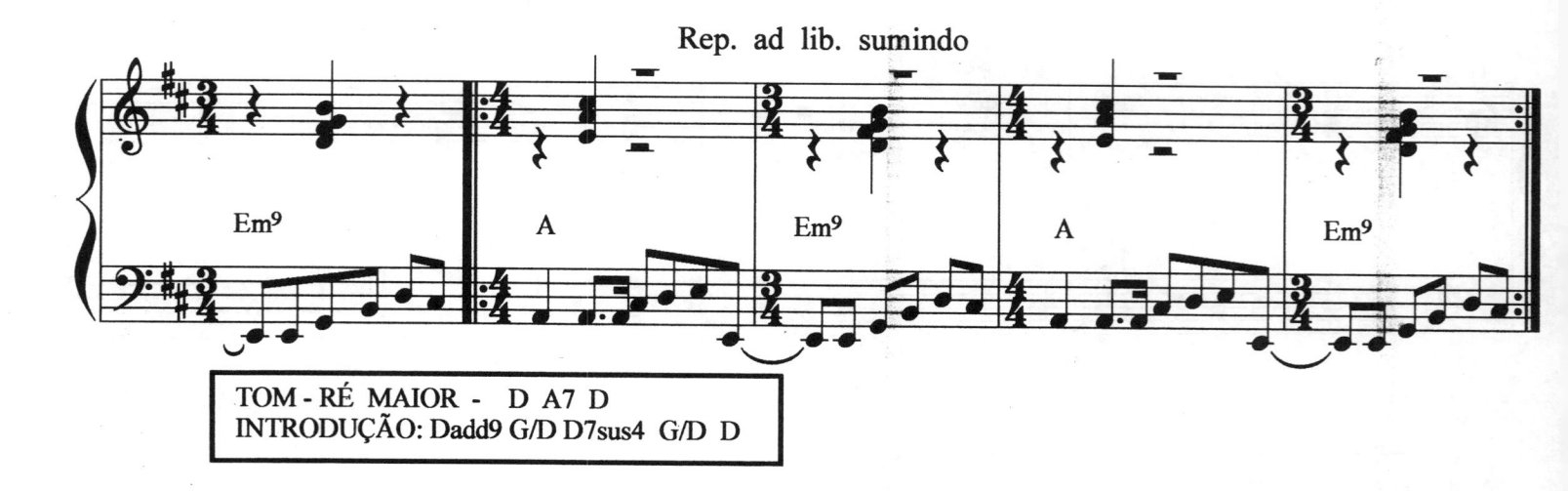

TOM - RÉ MAIOR - D A7 D
INTRODUÇÃO: Dadd9 G/D D7sus4 G/D D

```
 D     G/D       D7sus4 G/D    D  G/D D7sus4 G/D
Agora não pergunto mais aonde vai a estrada
 D     G/D       D7sus4 G/D    D  G/D D7sus4 G/D
Agora não espero mais aquela madrugada
      D    G/D    D7sus4 G/D
Vai ser, vai ser, vai ter de ser vai ser
         D   G/D D7sus4 G/D
Faca amolada
      D    G/D    D7sus4  G/D
O brilho cego da paixão, a fé
         D G/D D7sus4 G/D
Faca amolada
      D    G/D       D7sus4 G/D      D  G/D D7sus4 G/D
Deixar a sua luz brilhar e ser muito tranqüilo
       D    G/D       D7sus4 G/D      D  G/D D7sus4 G/D
Deixar o seu amor crescer e ser muito tranqüilo
     D              D7sus4
Brilhar, brilhar, acontecer, brilhar
         D    D7sus4
Faca amolada
     D              D7sus4
Irmão, irmã, irmã, irmão de fé
         D         D7sus4  D       D7sus4
Faca amolada -    (Ah, Ah, Ah, Ah, Ah, Ah, Ah,)
     D              D7sus4         D  G/D D7sus4 G/D
Plantar o trigo e refazer o pão de cada dia
     D              D7sus4         D  G/D D7sus4 G/D
Beber o vinho e renascer na luz de todo dia
     D              D7sus4
A fé, a fé, paixão e fé, a fé
         D   G/D D7sus4 G/D
Faca amolada
     D              D7sus4
O chão, o chão, o sal da terra, o chão
         D   G/D D7sus4 G/D
Faca amolada
      D    G/D       D7sus4 G/D      D  G/D D7sus4 G/D
Deixar a sua luz brilhar ao pão de todo dia
      D    G/D       D7sus4 G/D      D  G/D D7sus4 G/D
Deixar o seu amor crescer na luz de cada dia
       D    G/D       D7sus4 G/D    D G/D D7sus4 G/D
Vai ser, vai ser, vai ter de ser vai ser muito tranqüilo
       D    G/D    D7sus4 G/D  D
O brilho cego da paixão a fé, faca amolada.
```

Eu apenas queria que você soubesse

Gonzaga Jr.

Fm/A♭
C/E
Dm7
G9sus4
Cmaj7
Gm7
C7 C/B♭ F/A
Fm/A♭
C/G
Dm7
G9sus4 F E♭maj7
A♭maj7
G9sus4
Fmaj7
B9sus4 B7
E
C♯m
A
B9sus4 B7 A
G♯m7 C♯m7
F♯m7 B7/13
E

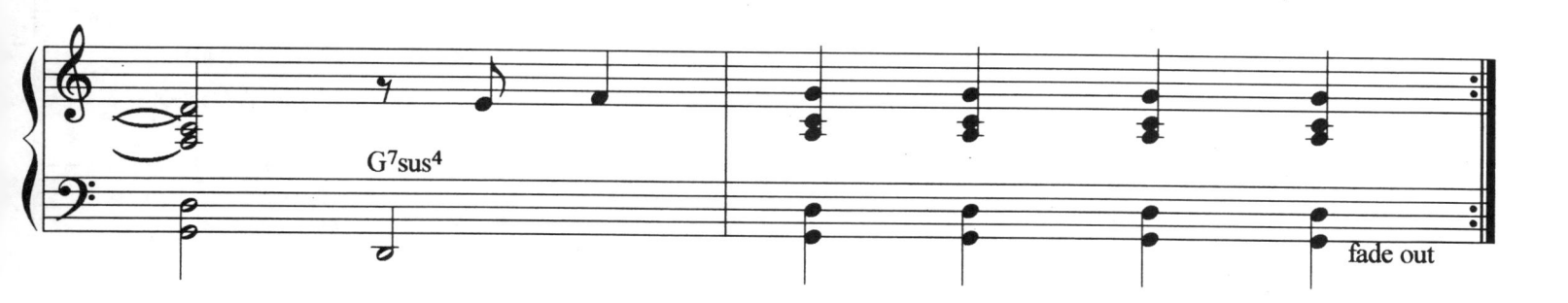

TOM - DÓ MAIOR - C G7 C
INTRODUÇÃO: E Am D G9sus4

     C   C7M   C6
Eu apenas queria que você soubesse
        Am   Am7M   Am7
Que aquela alegria ainda está comigo
      F   G/F
E que a minha ternura não ficou na estrada
     Em   Am7   Dm7 G7/13
Não ficou no tempo, presa na poeira
     C   C7M   C6
Eu apenas queria que você soubesse
       Am7
Que esta menina hoje é uma mulher
      F   G/F
E que esta mulher é uma menina
     Em   Am7   Dm7   G7/13
Que colheu seu fruto flor do seu carinho

    C7M   Gm7
Eu apenas queria dizer
      C7   F/A
A todo mundo que me gosta
       Fm/Ab   C/E
Que hoje eu me gosto muito mais,
   Dm7   G9sus4
Porque me entendo muito mais também
          C7M
E que a atitude de recomeçar
  Gm7   F/A
É todo dia, toda hora
    Fm/Ab   C/E
É se respeitar na sua força e fé
     Dm7   Eb7M
 E se olhar bem fundo até o dedão do pé.
    C   C7M   C6
Eu apenas queria que você soubesse
   Dm7
Que essa criança brinca nesta roda
   F   G/F
E não teme a sorte das novas feridas
         Em   Am7
Pois tem a saúde que aprendeu
  F/G G7   C7M(9)
Com a vida.

Estácio holly Estácio
Bolero

Luiz Melodia

Cm7
Dm7
G13
G+7
Cm7
Dm7(♭5)
Fm/G
G+7
Cm7
F7sus4
F7(♭9)
B♭maj7
Cm7
Dm7
Cm7
B♭7M
Gm7
Cm7(9)
F7sus4
F7(♭9)
B♭7M
Bdim
Cm7
F7
B♭7M
B♭6
F7sus4
F7(♭9)

TOM-SIb MAIOR-Bb F7 Bb
INTRODUÇÃO: Bb Bdim Cm7 F7/13

    Bb
Se alguém
          Cm7
Quer matar-me de amor
         Dm7 Dm7(5-)
Que me mate no Estácio
G7   Cm7 Dm7(5-)
Bem no compasso
        G7
Bem junto ao passo
    Cm7
Do passista
      F7
Da escola de samba
        Bb F7sus4 Bb(add9)
Do Largo do Estácio

    Bb7M   Cm7
O Estácio acalma o sentido
             Dm7 Dm7(5-)
Dos erros que eu faço
G7(5+)   Cm7 F7
Trago não traço
        Gsus4 G7
Faço não caço
    Cm   F7
O amor da morena maldita
       Bb Dm7 Cm7 Bb7M
Do Largo do Estácio
        Cm7(9) Cm7
Fico manso amanso a dor
F7

Holiday
    Bb7M Bdim Cm7 F7 Bb7M
É um dia de paz
    Gm7   Cm7(9)
Solto o ódio, mato o amor
 F9   Bb7M Bdim Cm7 F7
Holiday eu já não penso mais.

Espere por mim, morena
Toada

♩ = 95

Gonzaga Jr.

© 1979 by EDIÇÕES MUSICAIS MOLEQUE LTDA.
Todos os direitos autorais reservados para todos os países. *All rights reserved.*

3
F7 B♭ Dm G7 C7sus4 C7
Gm7 C7 F B♭/C F
3
E♭ F Cm7 F
3
B♭ F Gm7 F
3
F7 B♭ Dm7 G7 C7sus4 C7
Gm7 C7 F B♭/C F

TOM- FÁ MAIOR - F C7 F
INTRODUÇÃO: Bb F/A Gm C7 F

```
       Bb              Am
Espere por mim, morena
       Gm              F7M
Espere que eu chego já
                Eb      Dm7
O amor por você, morena
         Cm7            F
Faz a saudade me apressar
         Bb      F/A
Tire um sono na rede
         Gm7   C7 F
Deixe a porta encostada
         F7            Bb
Que o vento da madrugada
         Dm G7    C7sus4 C7
Já me leva pra você
         Gm7   C7 F
E antes de acontecer
          Bb/C          F
Do sol a barra vir quebrar
         Eb         F
Estarei nos teus braços
         Cm7        F
Pra nunca mais voar
         Bb         F
E nas noites de frio
         Gm7        F
Serei o teu cobertor
         F7        Bb
Esquentarei teu corpo
Dm7      G7  C7sus4 C7
Com meu calor
         Gm7  C7 F
Minha santa, te juro
          Bb/C         F
Por Deus, nosso Senhor
         Eb             Dm
Nunca mais minha morena
         Cm7           F
Vou fugir do teu amor.
```

Espelhos d'água

Dalto e
Claudio Rabelo

TOM - MÍ MAIOR - E B7 E
INTRODUÇÃO: A B/A Esus4/A B/A
C#m7 B/C# C#m7 A B7sus4 E A/B

    E   A/E
Os seus olhos são Espelhos d' água
    F#m7   A/B   E7M A/ E
Brilhando você pra qualquer um
    E   A/E
Hum, por onde esse amor andava
    F#m7   B/A   E7M D/E E7
Que não quis você de jeito algum
  A   B/A   D/E
Hum, que vontade de ter você
            E7   F#7/A# Am6
Que vontade de perguntar
          E D/E E7
Se ainda é cedo...
Aadd9   B/A   D/E
Hum, Que vontade de merecer
     E7   F#/A# Am6
O cantinho do seu olhar
              E
Mas tenho medo...

E nada mais
Bossa

Durval Ferreira e
Lula Freire

```
TOM - DÓ MAIOR - C  G7  C
INTRODUÇÃO: F7M  Dm/F
F#m7/9  A/B  Em7/9  G/A  Dm7/9  F/G  G7
```

C7M
Um sambinha é bom
    Bm7 E7
Quando ele é fácil de cantar
    Am7
E quando vem a inspiração
    Gm7 C7 C7/13
É natural uma canção
F7M(5+)   Dm/F
Tem que se mostrar
  F/G Em7 G/A
Como de fato ele nasceu
  A7(5+) Dm7/A
E sem querer insinuar
     F6/G G7/9
Que há outra história por contar

C7M
Qual o pescador
    Bm7 E7
Que vive sem falar no mar?
    Am7 Am9
Qual foi o amor que não viveu,
    Gm7 C7/9 C7(13)
Cresceu, morreu e se perdeu
    F7M(5+) Dm/F
E toda história viverá
    F/G Em7 G/A
Quem com ternura só cantar
  A7(5+) Dm7/A
E toda gente há de ver
    Fm6
E facilmente compreender
     E7sus4 E7
Que o que se quer é mesmo paz
    A7M(9)
E nada mais...

Estranha loucura
Samba-canção

Michael Sullivan
Paulo Massadas

Am7 D7 Am7 D7 Am7 D7 A/B B7 Em7
Dm7 G7/13 C7M/9 Cm6 F7 Bm7
Em Am7 Cm6 D7 G(add9)
Em Bm Bm7 Am7 D7 G7M
Am7 C/D Bm7 Em7 C(add9) A7/C# C/D D7
Am7 D7 G7M/9 Em7 Am7 D7 G7M/9 Em7

```
TOM - SOL MAIOR - G D7 G
INTRODUÇÃO: D7/13  D/E  C7M  Bm7  Am7  CD  D7sus4
```

G7M/9   G6
Minha estranha loucura
    G7M/9   G6
É tentar te entender
    Am7 D7 Am7 D7
E não ser entendida
   Am7 D7
É ficar com você
   Am7 D7 G7M
Procurando fazer   parte da tua vida
   Dm7
Minha estranha loucura
   G9
É tentar desculpar
   C(add9) C7M/9
O que não tem desculpa
   Em7
É fazer dos teus erros
   G/A A7
Num motivo qualquer
   Am7 D7/13
A razão da   minha culpa

   G(add9) G7M
Minha estranha loucura
   G(add9) G7M
É correr pros teus braços
   Am7 D7 Am7 D7
Quando acaba uma briga
   Am7 D7
Te dar sempre razão
   A/B B7 Em7
E assumir o papel de culpada bandida

   C7M/9
Ver você me humilhar
   Cm6
E eu num canto qualquer
   Bm7
Dependente total
   Em
Do teu jeito de ser
   Am7
Minha estranha loucura
   Cm6 D7 Gadd9
É tentar descobrir que o melhor é você

 Em Bm Bm7
Eu acho que paguei o preço por te amar demais
  Am7   G7M
Enquanto pra você foi tanto fez ou tanto faz
  Am7 C/D Bm7
Magoando pouco a pouco, me perdendo sem saber
  C(add9) A7/C# C/D D7
E quando eu for embora   o que será que vai fazer

   Am7 D7
Vai sentir falta de mim
   G7M/9 Em7
Sentir falta de mim
   Am7
Vai tentar se esconder **BIS**
   D7
Coração vai doer
   Gadd9
Sentir falta de mim.

De onde vens
Samba-canção

Dori Caymmi e
Nelson Motta

```
TOM - LÁ MENOR - Am  E7  Am
INTRODUÇÃO: Am   F/A   Am6
Am7   Am7M   Am7   Am6   F/A
```

```
Am
Ah!
     F7M/9/A            Am6
Quanta dor vejo em teus olhos
       Am7          Am7M  Am7/9
Quanto pranto em teu sorriso
                 Dm  Dm7
Tão vazias as tuas mãos
          Dm9/C        Bm7(5-) Fadd9/A
De onde vens, assim cansado?
                  Dm6/E
De que dor, de qual distancia?
Dm7(9)/F  E7sus4  E7/9-   Am  Am7/9(11) Am7/9
De que   terras, de que mar?
```

```
Gm6/A            Em7(5-)  A7/9-
Só quem partiu pode voltar
                Dm7  F7M/C
E eu voltei pra te contar
                F#m7(5-)  B7/9-
Dos caminhos onde andei
               Gm/Bb  A7
Fiz do riso, amargo pranto
                Dm7  Dm/C
Do olhar, sempre os teus olhos
     Bm7(5-)  E7/9-       Am
Do peito    aberto, uma canção
            F/A       Am6
Se eu pudesse, de repente
          Am7         Am7M  Am7
Te mostrar meu coração
                Dm7
Saberias num momento
         Dm/C        Bm7(5-) Fadd9/A
Quanta dor há dentro dele
                  Dm7
Dor de amor, quando não passa
           E7sus4  E7/9-  Am
É porque o amor valeu.
```

Devolvi
Choro

Adelino Moreira

```
TOM - LÁ MENOR - Am E7 Am
INTRODUÇÃO: Am7  F7  E7  Am  E7/9-
```

```
         Am     F7M              Bm7/5-  E
Devolvi o cordão e a medalha de ou __ro
        F7M         E7       Am  F7 E7
E tudo que ele me presenteou
          Am    D7/9      G7
Devolvi suas cartas amorosas
                  F7
E as juras mentirosas
                       Bm7/5-   E7
Com que ele me enganou
         Em7/5-  A7/5+(9-)            Dm7
Devolvi a    aliança e também o seu retrato
         E7           Am
Para não ver seu sorriso
         F7    E7    Am   Bm7/5-
No silêncio do meu quarto .
```

```
E7                         Am
Nada quis guardar como lembrança
E7                   E7/5+ Am  A7
Pra não aumentar meu pade __cer
                  Dm
Devolvi tudo
              Dm6    Am
Só não pude devol _ver
         Am/G    F7
A saudade cruciante
         E7          Am
Que amargura meu viver.
```

Corrente de aço
Samba

João Nogueira

Dm7
F/G
G7
Dm7
F/G
C6/9
G7sus4
G7(♭9)
C6/9
C7M/9
C6
F7
C6/9
B♭7/9
A7
Dm7
C7/9
F7M
F6/C
Fm
Fm6
C/E

1.
2.
E♭dim
Dm7
G7
G/F
Em7(5-)
A7
G7
C(add9)
Dm7
F/G
C6/9
Am7
Dm7
G7
C6/9
Am7
Dm7
G7sus4
G7
C(add9)
C/G
A7

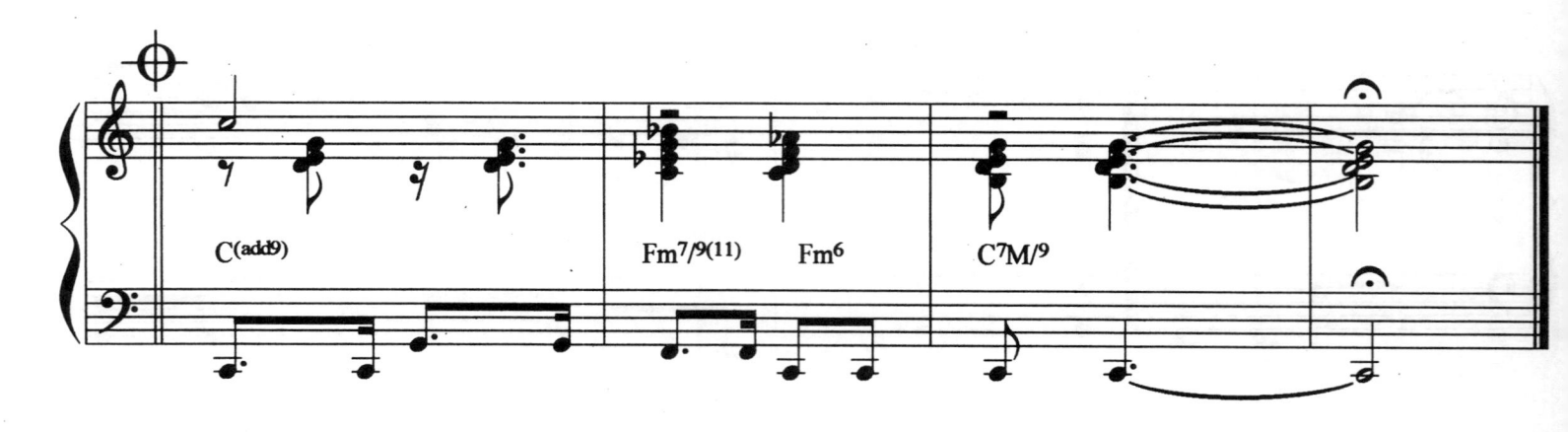

TOM - DÓ MAIOR - C G7 C
ITRODUÇÃO: F7M Fm C Am7/9
D7/9 Dm7 G7 C Am7/9 Dm7 G7

```
     C      C6    C6/9   F7/9(11+)  F7/9
       Eu cansei de viver chorando
    Em7         Ebdim      Dm7  A7(5+)  A7
       Cantando agora  sou feliz
    Dm7                       G7
       A tristeza mora ali ao lado
    Dm7        F/G               C6/9  G7sus4  G7
       E é bem fácil fazer o que eu fiz
    C6/9             C7M/9  C6
       Amigo siga o dita___do
    F7M       C6/9   Bb7/9  A7    Dm7  C7/9
       Que a música ao amor conduz

         F7M  F6/C    Fm  Fm6    C  C6  Ebdim
         Can__ta, quem can_ta seus males espanta
                         Dm7  Dm6  G7
    BIS  De um samba de amor
                      Em7(5-)  A7
         Pode surgir a luz
           ( 2a vez )  Cadd/9
```

```
              Dm7        F/G
       Eu tenho no peito um tesouro,
                    C6/9         C7M/9
       O meu coração é de ouro,
             Cadd9       Dm7        G7
       Em samba de couro ou de lata,
                        C6/9
       Não devo um tostão a ninguém
    Am7     Dm7              G7sus4  G7
       Sou mestre não sinto cansa___ço,
                Cadd/9              A7
       A minha corrente é de aço,
                D7/9
       Se quer ser feliz,
       G7                C        A7(9-)  A7
       Cante comigo também la, la, la, la...
       Fm7/9(11)  Fm6  C7M/9
        la       la  la la...
```

Começo, meio e fim

Tavito, Ney Azambuja e
Paulo Sérgio Valle

Am7 D7 G Cm/G Em/G
G7 C(add9) D/C Bm Em
A7/4 A7 Cm7 F7 B♭
B♭7 E♭ Am7(11) D7 Am7 D7
C G/B Em Am D7 Dm7 G7

1.
C G/B Em A7/4 A7 D7
2.
D7 D7 C G/B Em
Am7 D7 Dm7 G7 3 3 C G/B Em7
A7/4 A7 D7
C G/B Am C/D D7 C/D D

TOM - SOL MAIOR - G D7 G
INTRODUÇÃO: Cadd9 G/B Am D7/4
D7 Cadd9 G/B Am D7/4 D7 C/D D

    G
A vida tem sons
      Cm/G
Que pra gente ouvir
   G
Precisa entender
    G7   C(add9)
Que um amor de verdade
         D/C Bm
É feito canção
             Em
Qualquer coisa assim
    A7/4   A7
Que tem seu começo
   D7/4   D7 G
Seu meio e seu fim
          Cm/G
A vida tem sons

Que pra gente ouvir
   G
Precisa aprender
G7   Cadd9
A começar de novo

     C   D/C
É como tocar
    Bm   Em A7/4
O mesmo violão
          A7
E nele compor
    Cm7   F7
Uma nova canção
     Bb   Bb7
Que fale de amor
          Eb/G
Que faça chorar

Que toque mais forte
   Am7   D7 D7/4 D7 C
Esse meu coração

     G/B
Ah! coração
    Am   D7 G7/4 G7 C
Se apronta pra recomeçar
    G/B
Ah! coração
   A7/4   A7
Esquece esse medo
   D7   D7/4 D7
De amar de novo.

BIS

Caso comum de trânsito

Belchior

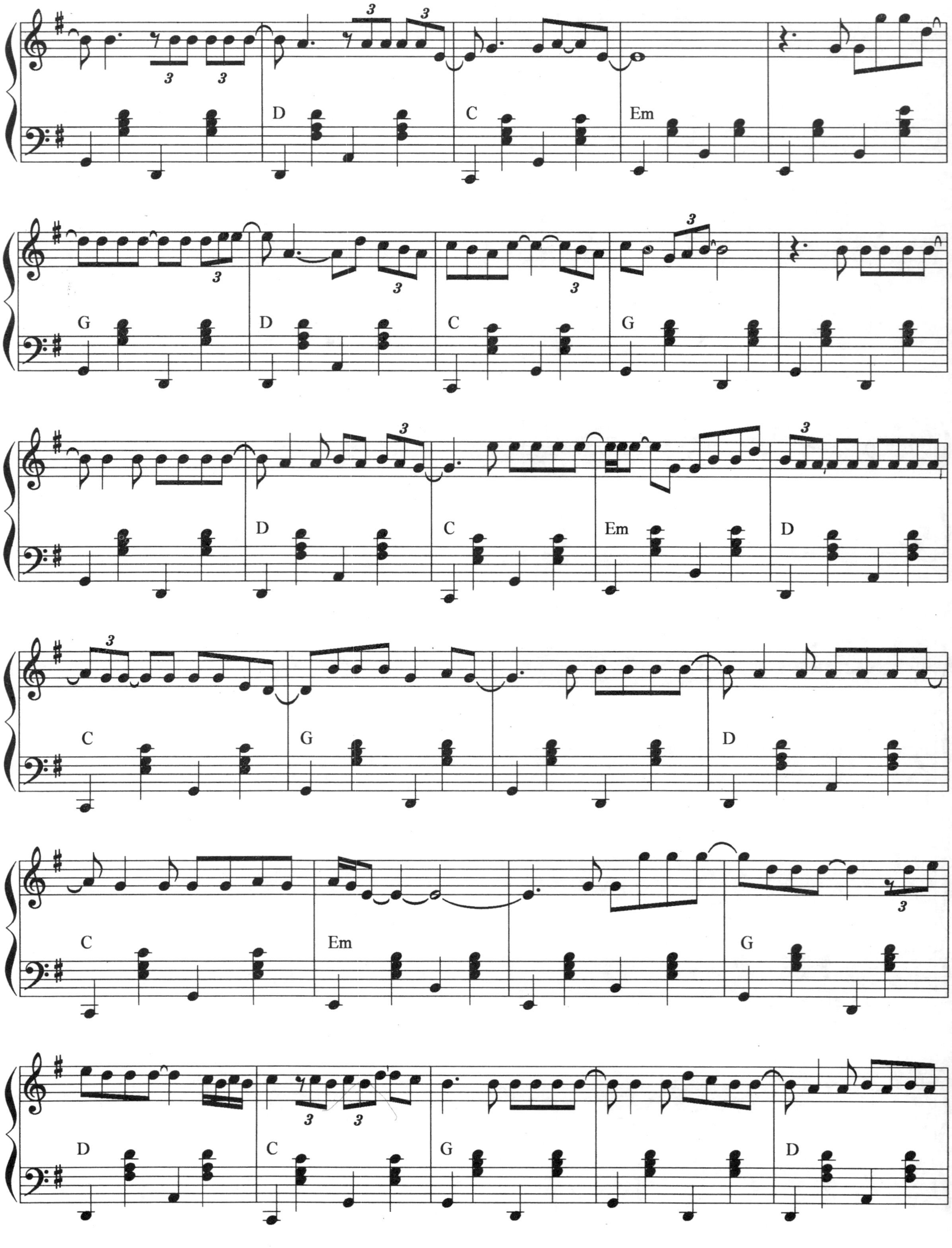
D
C
Em
G
D
C
G
D
C
Em
D
C
G
D
C
Em
G
D
C
G
D

TOM - SOL MAIOR -- G D7 G

G   D
Faz tempo que ninguem canta uma canção
C   G
Falando fácil, claro, fácil, claramente
                D   C
Das coisas que acontecem todo dia
           G
Em nosso tempo e lugar
                D
Você fica perdendo o sono,
             C
Pretendendo ser o dono das palavras
        G
Ser a voz do que é novo.
                        D
E a vida, sempre nova, acontecendo de surpresa,
C   G
Caindo como pedra sobre o povo!
                     D
E, à tarde, quando eu volto do trabalho,
C   G
Mestre Joaquim pergunta assim pra mim:
                  D
- Como vão as coisas, como vão as coisas,
          C   G
Como vão as coisas, menino?

E eu respondo assim:
                  D
- Minha namorada voltou para o norte,
        C
Ficou quase louca
                G
E arranjou um emprego muito bom.
                        D   C
Meu melhor amigo foi atropelado voltando pra casa

    G
(Caso comum de trânsito,
           D
Caso comum de trânsito,
           C
Caso comum de trânsito,
           G
Caso comum de trânsito!)
                  G   D   (Em)
Pela geografia aprendi que há no mundo
                        C
Um lugar onde um jovem como eu
               G
Pode amar e ser feliz...
                        D
Procurei passagem, avião, navio...
              C   G
Não havia linha praquele país
            D   C   Em
(Não havia linha, não havia linha, praquele país)
          G
Deite ao meu lado.
          D
Dê-me o seu beijo.
        C   G
Toda noite o meu corpo será teu.
                        D
Eles vem buscar-me na manhã aberta:
          C   G
A prova mais certa que amanheceu
        D   C
(Não amanheceu, não amanheceu,
          G
Não amanheceu, menina.
                    D
Não amanheceu, não amanheceu,
         C   Em
Não amanheceu ainda!)

Casinha branca
Toada

Gilson e Joran

TOM - FA MAIOR
INTRODUÇÃO: Gm7 Am7 Bb7M Csus4 C7

```
   F7M              Gm7         Am7
Eu tenho andado tão sozinho ultimamente
         Bb7M      F7M/C
Que nem vejo á minha frente
         Gm7          C7sus4  C7
Nada que me dê    prazer
 F7M             Gm7         Am7
Sinto cada vez mais longe a felicidade
         Bb7M      F7M/C
Vendo em minha mocidade
Gm7          Eb/F  F7
Tanto sonho perecer
Bb        C/Bb        Am7
Eu queria ter na vida simplesmente
        Dm7      Gm7       C79       F7M Eb/F F7
Um lugar de mato verde pra plantar e pra colher
Bb        C/Bb        Am7
Ter uma casinha branca de varanda
        Dm7      Gm7      C7       F6  C7sus4 C7
Um quintal e uma janela, para ver o sol nascer.
```

```
   F7M              Gm7         Am7
Ás vezes saio a caminhar pela cidade
         Bb7M      F7M/C
Á procura de amizade
         Gm7          C7sus4  C7
Vou seguindo a multidão
 F7M             Gm7            Am7
Mas eu me retraio olhando em cada rosto
         Bb7M      F7M/C
Cada um tem seu misterio
Gm7          Eb/F  F7
Seu sofrer, sua ilusão.
```

Repete:
Eu queria ter na vida simplesmente...

Cálice

Chico Buarque de Hollanda e
Gilberto Gil

```
TOM - SOL MAIOR - G  D7  G
INTRODUÇÃO: G  C  G/D  D  C  B
D#dim  Em  A  D/F#  G  C  G/B  D7/A  G
```

```
         G              B/F#
Pai, afasta de mim esse cálice
                         C/G
Pai, afasta de mim esse cálice
          A/C#          G/D
Pai,  afasta de mim esse cálice
         D7           G
De vinho tinto de sangue.
          Em           Em7M
Como beber dessa bebida amarga
          Em7        A7/E
Tragar a dor, engolir a labuta
           C/E            A/E
Mesmo calada a boca, resta o peito
           D7         G   B7
Silêncio na cidade não se escuta
           Em         Em7M/9
De que me vale ser filho da santa
          Em         A/E
Melhor seria ser filho da outra
         C/E        A/E
Outra realidade menos morta
         C/D           G
Tanta mentira, tanta força bruta
```

REFRÃO: Pai...
```
         Em          Em7M
Como é difícil acordar calado
          Em7           A7/E
Se na calada da noite eu me dano
           C/E          A/E
Quero lançar um grito desumano
              D7          G
Que é uma maneira de ser escutado
          Em       Em7M/9
Esse silêncio todo me atordoa
          Em7         A/E
Atordoado eu permaneço atento
             C/E                   A/E
Na arquibancada pra a qualquer momento
                 C/D        G
Ver emergir o monstro da lagoa
```

REFRÃO: Pai...

```
         Em              Em7M
De muito gorda a porca já não anda
          Em7             A/E
De muito usada a faca já não corta
            C/E             A/E
Como é difícil, pai abrir a porta
            D7           G    B7
Essa palavra presa na garganta
         Em             Em7M
Esse pileque homérico no mundo
           Em7         A/E
De que adianta ter boa vontade
           C/E            A/E
Mesmo calado o peito, resta a cuca
             C/D             G
Dos bêbados  do centro da cidade
```

REFRÃO: Pai...
```
          Em              Em7M
Talvez o mundo não seja pequeno
              Em7          A7/E
Nem seja a vida um fato consumado
              C/E            A/E
Quero inventar o meu próprio pecado
            D7               G   B7
Quero morrer do meu próprio veneno
            Em          Em7M/9
Quero perder de vez tua cabeça
              Em7         A/E
Minha cabeça perder teu juízo
              C/E                A/E
Quero cheirar fumaça de óleo Diesel
              C/D                  G
Me embriagar até que alguém me esqueça
```

REFRÃO: Pai...

Brincar de viver

Guilherme Arantes e
Jon Lucien

Bm/D
D/E
E
A(add9)
A
A/G#
F#m
3
A/B
B
E7M
A7M/9
A7M/9
C#m
F#m7
A/B
Am/B
D.S.
E
B/E
A/C#
D9sus4
D/F#
Gmaj7
G7M
C/G
Cm/G
G
C
D9sus4
D
G
G7M
Am

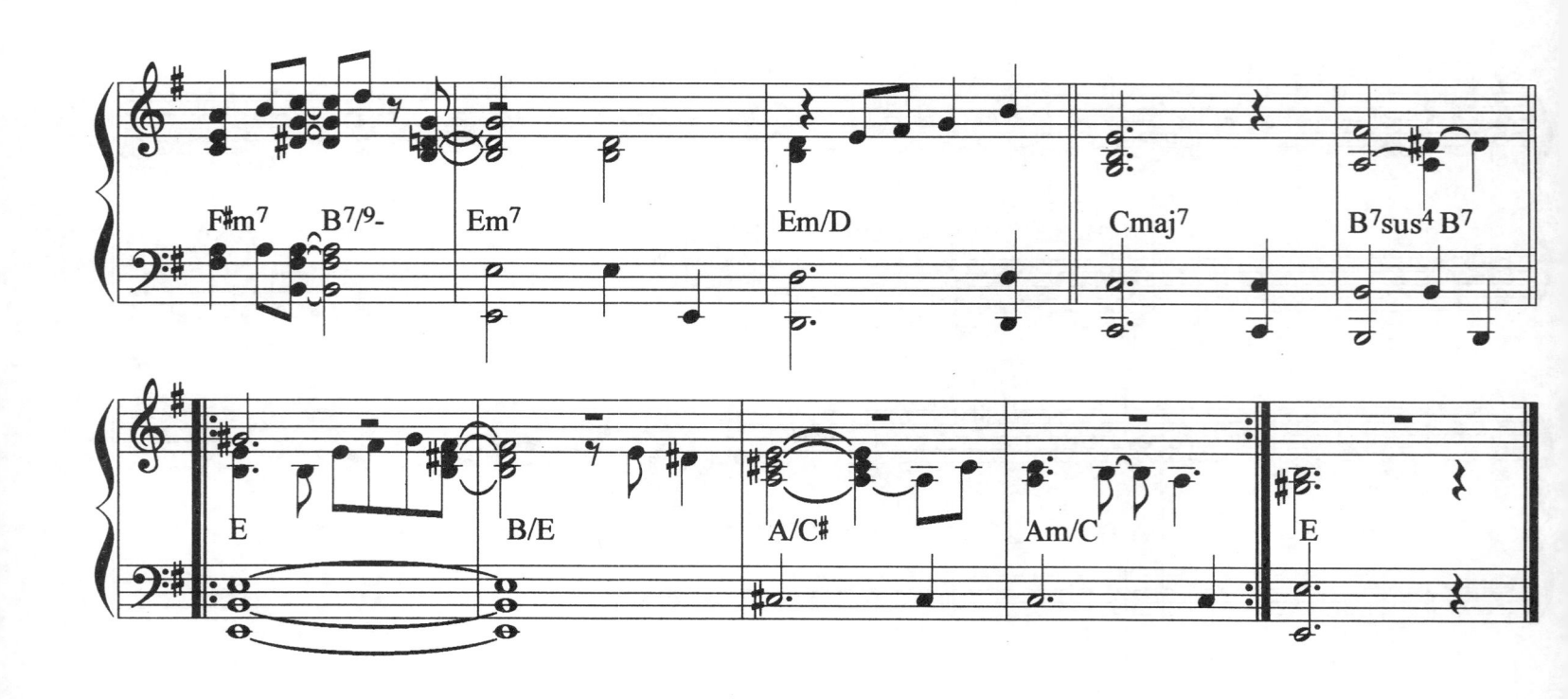

TOM - MÍ MAIOR - E B7 E
INTRODUÇÃO: E B/E A/E
Am/E Eadd9 B/E A Am/E

  B/E
Quem me chamou
        AC#   Am/C   E
Quem vai querer voltar pro ninho
       B/E   A/C# Aadd9/C# Am/C E
Redescobrir seu lugar
      B/E
Prá retornar
   A/C#   Am/C   E
E enfrentar o dia a dia
     B/E   A/C# B/D#
Reaprender a sonhar
                      Bm/D
         Você verá que é mesmo assim
             D/E   E   Aadd9/9
        Que a história não tem fim
        F#m
        Continúa sempre
           A/B   B   E7M
Refrão Que você responde sim
           A7M/9 C#m
        A sua imaginação
      F#m7
      A arte de sorrir
    A/B   Am/B   E B/E A/C#
    Cada vez que o mundo diz não

   B/E
Você verá
      A/C#   Am/C   E
Que a emoção começa agora
        B/E   A/C# Aadd9/C# Am/C E
Agora é brincar de viver
      B/E
Não esquecer
   A/C#   Am/C   E
De quem é o centro do universo
       B/E   A/C#
Assim é maior o prazer

          Refrão:

  G7M   Am7/G Cm/G   G Em7
E eu desejo amar a todos que eu cruzar
                 Am/C D7 G
Pelo meu cami___nho
G7M   Am
Como eu sou feliz
   F#m7 B7/9- Em7 Em/D
Eu quero ver feliz
          F#m7(5-)/C B7sus4 B7
Quem andar comi_____go
E
Vem...

Bijuterias
Beguine

João Bosco e
Aldir Blanc

Dm6
Am7M
Am7/9
Am6
Fmaj7/A
Am(maj7)
Am7
Am7M
Am7
F7M
F#m7
B7/9-
E7M
B♭7
E♭7M
D7M
F#m7
B7/5+
B7
Em7
C#m7/5-
F#7/5+
Bm7M
Bm7
Bm7/5-/F
E7
Am7M
A13
A13
E/D
C7M/D
C/D
Dm7

TOM - RÉ MENOR - Dm A7 Dm
INTRODUÇÃO: E/D C7M/D C/D Dm7 F#m7 F7M Bb7M
Gm6/A E/D C7M/D Dm7 F#m7 F7M Bb7M Gm6/A (Dm7)

Em setembro
Se Deus me ajudar
Virá alguém
Eu sou de Virgem
E só de imaginar
Me dá vertigem.

(Canto)
        Dm7/9 Dm6
Minha pedra é ametista
       Dm9 Dm6
Minha cor o amarelo
  Am7M Am7/9 Am7M
Mas sou sincero
   Am7 Am7M Am7/9 Am7M Am7
F7M
Necessito ir urgente ao dentista
       F#m7 B7/9-
Tenho alma de artista
      E7M Bb7/F
E tremores nas mãos
      Eb7M
Ao meu bem mostrarei
D7M
O coração
       F#m7
Um sopro e uma ilusão
B7/5+ B7 Em7
Eu sei
   C#m7/5- F#7/5+
Na idade que estou
     Bm7M Bm7
Aparecem os tiques
Bm7/5-/F E7 Am7M A7/13
As ma-ni- as
E/D
Transparentes...

-Transparentes
Feito Bijuterias
Pelas vitrines - Dm7
     Dm7M
Da Sloper da alma.

Beija-me
Samba

Roberto Martins e
Mário Rossi

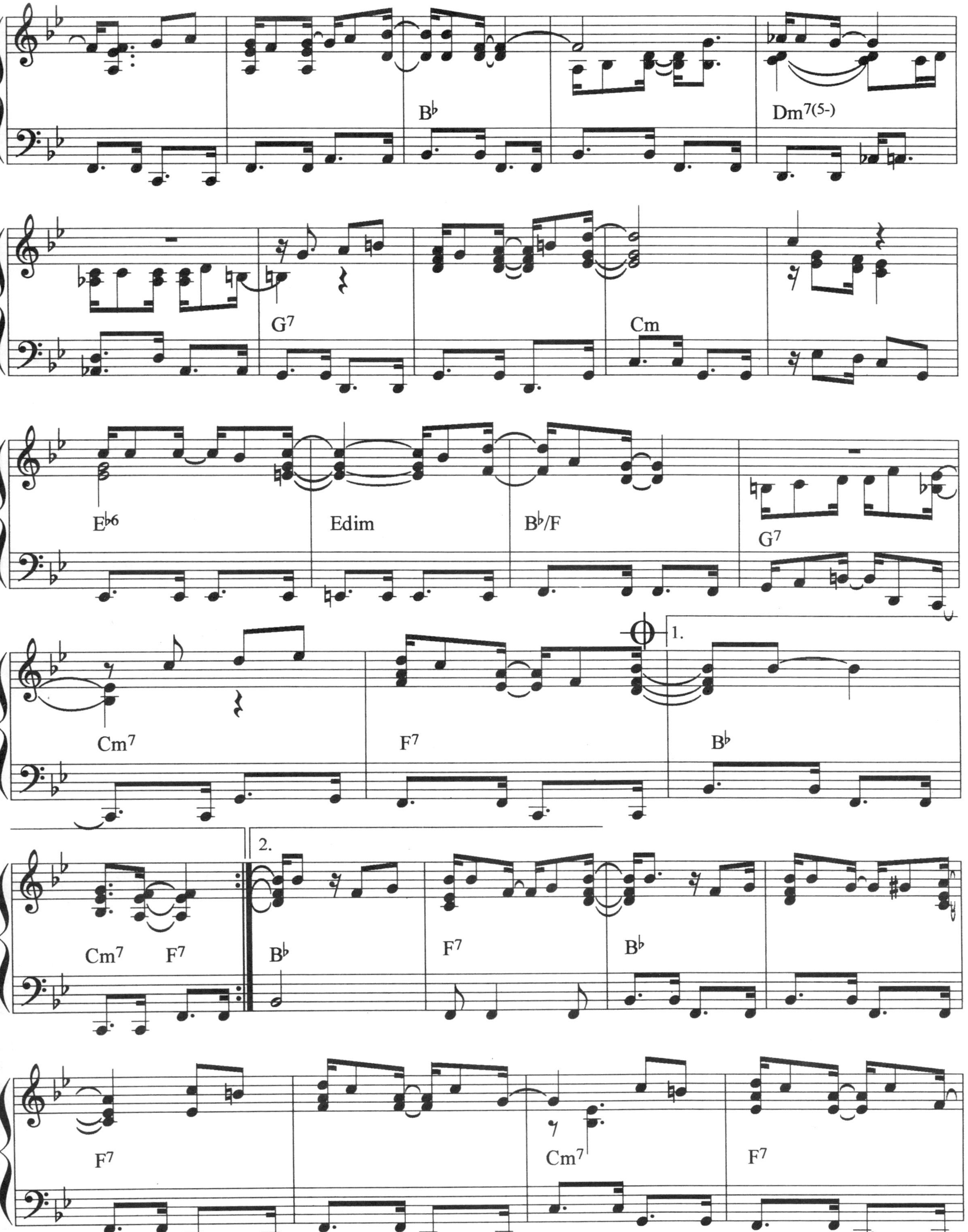
B♭
Dm7(5-)
G7
Cm
E♭6
Edim
B♭/F
G7
Cm7
F7
1.
B♭
Cm7
F7
2.
B♭
F7
B♭
F7
Cm7
F7

TOM - SÍ BEMOL - Bb F7 Bb
INTRODUÇÃO: F7 Bb Bb G7
Cm Eb Bb F7 Bb Dm7 Cm7 F7

Bb   Eb7 Bb6/9
Beija-me,
                        C7
Deixa o teu rosto coladinho ao meu !...
F7
Beija-me,
                  Bb
Eu dou a vida pelo beijo teu !...
Dm7(5-) G7
Beija-me,
                 Cm
Quero sentir o teu perfume,
Eb6   Edim Bb/F G7 Cm7
Beija-me com todo o teu amor
               F7   Bb Cm7 F7
Se não eu morro de ciúme.
                         Bb

Bb
Ai ! Ai ! Ai !

Que coisa boa
                      F7
O beijinho do meu bem,
                         Cm7
Dito assim parece à toa
         F7   Bb
O feitiço que êle tem.

Ai! Ai! Ai!
             Bb7
Que coisa louca
            G7   Cm
Que gostinho divinal
                Eb   Edim Bb/F
Quando eu ponho a minha bôca
          F7   Bb
Nesses lábios de coral.
                Eb/F F7
(Meu amor me disse.)

Aparências
canção

Cury e Ed Wilson

TOM - RÉ MENOR - Dm A7 Dm

        Dm7
Quantos anos já vividos
   Em7/5-   A7   Dm7 Em7/5- A7
Revividos simplesmente por viver
     Dm7   Dm/C
Quantos erros cometidos tantas vezes
         Gm7 D7/9-
Repetidos por nós dois
     Gm7   Em7/5-
Quantas lágrimas sentidas e choradas
      A7
Quase sempre as escondidas
       Dm7
Pra nenhum dos dois saber
    Gm7   Gm/Bb   Gm/F
Quantas dúvidas deixadas no momento
       Em7/5- A7
Pra se resolver depois
    Dm7   Em7/5-
Quantas vezes nós fingimos alegria
  A7   Dm7 Em7/5- A7
Sem o coração sorrir
     Dm7   Dm/C
Quantas noites nós deitamos lado a lado
   Gm7   D7/9
Tão somente pra dormir
   Gm7   Em7(5-)
Quantas frases foram ditas com palavras

      A7
Desgastadas pelo tempo
     Dm7
Por não ter o que dizer
  Gm   Gm/Bb   Gm/F
Quantas vezes nós dissemos eu te amo
     Em7/9 A7/13
Pra tentar sobreviver
  D7M
Aparências nada mais
  F#m7
Sustentaram nossas vidas
  F#m7/5-
Que apesar de mal vividas
  B7/9-
Têm ainda uma esperança
  Em7
De poder viver
   F#m7/5-   B7   Em7 G/A
Quem sabe rebuscando estas mentiras
 D/A   B7 Em7
E vendo onde a verdade se escondeu
               A7
Se encontre ainda alguma chance
   G/A   A7   D A7/5+
De juntar você, o amor e eu.

Admirável gado novo

Zé Ramalho

F5+
Gm
A7
Dm
Dm7/C
Gm
A7
Dm
Dm7/C
Gm
A7
Dm
Dm7/C
Gm
A7
Dm
B♭/C
F
B♭
F
B♭
F
B♭
1.
F
B♭/C
2.
F
F5+
Dm/F
dal segno 2 vezes e Coda
F5+

TOM - FÁ MAIOR - F C7 F
INTRODUÇÃO: F F5+ F6 F5+

```
       F          F5+        F6  Dm  F7M(5+)
Vocês que fazem parte dessa massa
       F          F5+        F6 Dm F5+ F7M(5+)
Que passa nos projetos do futuro
       F          F5+        F6  Dm  F5+
É duro tanto ter que caminhar
       F          F5+        F6  Dm  F5+
E dar muito mais do que receber
       Gm           A7         Dm  C6
E ter que demonstrar sua coragem
       Gm           A7         Dm/F Dm C6
À margem do que possa parecer
       Gm           A7         Dm  C6
E ver que toda essa engrenagem
       Gm           A7         Dm  Bb/C  C7
Já sente a ferrugem lhe comer
      | F      Bb       F    Bb
      | Eh Eh ô vida de gado
BIS   | F      Bb       F    Bb/C
      | Povo marcado Eh! Povo feliz!
       F          F5+        F6  Dm  F7M(5+)
Lá fora faz um tempo confortável
       F          F5+        F6 Dm F5+ F7M(5+)
A vigiláncia cuida do normal
       F          F5+        F6  Dm  F5+
Os automóveis ouvem a notícia
       F          F5+        F6  Dm  F5+
Os homens a publicam no jornal
       Gm           A7         Dm  C6
E correm através da madrugada
```

```
       Gm           A7         Dm  C6
A única velhice que chegou
       Gm           A7         Dm  C6
Demoram-se na beira da estrada
       Gm           A7         Dm  Bb/C  C7
E passam a contar o que sobrou
      | F      Bb       F    Bb
      | Eh Eh ô vida de gado
BIS   | F      Bb       F    Bb/C
      | Povo marcado Eh! Povo feliz!
       F          F5+        F6  Dm  F7M(5+)
O povo foge da ignorância
       F          F5+        F6 Dm F5+ F7M(5+
Apesar de viver tão perto dela
       F          F5+        F6  Dm  F5+
E sonham com melhores tempos idos
       F          F5+        F6  Dm  F5+
Contemplam essa vida numa cela
       Gm           A7         Dm  C6
Esperam nova possibilidade
       Gm           A7         Dm/F Dm C6
De verem esse mundo se acabar
       Gm           A7         Dm  C6
A arca de Noé, o dirigível
       Gm           A7         Dm  Bb/C  C7
Não voam nem se pode flutuar
      | F      Bb       F    Bb
      | Eh Eh ô vida de gado
BIS   | F      Bb       F    Bb/C
      | Povo marcado Eh! Povo feliz!
```

A cor da esperança

Samba

Cartola e
Roberto Nascimento

♩ = 80

```
TOM - DÓ MAIOR - C  G7  C
INTRODUÇÃO: Fm F#° Eb7M/G G7 Cm
Ab7M F#° G7
```

Fm   F#dim7   Eb7M/G
Sinto vibrando no ar
  G7   Cm
E sei que não é vã
         Ab7M
A cor da esperança
       F#dim7   G7   C
A esperança no amanhã amanhã.

Cadd9   Fm6
Cm7
A tristeza vai transformar-se em alegria

E o sol
                Fm   Fm6 G7
Vai brilhar no céu de um novo dia
                C   Am7
Vamos sair pelas ruas
     Am/G   D7/F# G7/9
Pelas ruas da cidade
Cm7
Peito aberto,
Bb7   Eb7M   G7
Cara ao sol da felicida_de
Cm7   G7
E num canto de amor assim
C7
Sei que vão surgir em mim
        Fm
Novas fantasias

Aos nossos filhos

Ivan Lins e
Victor Martins

```
TOM - DÓ MAIOR - C G7 C
INTRODUÇÃO: C Dm G7 C Dm7
```

    Dm7/9   G7
Perdoem a cara amarrada
    Dm7/9   F/G G7
Perdoem a falta de abraço
     Gm7   C7/9   F7M Bb7M
Perdoem a falta de espaço
    Bm7(5-) E7/9-   Gm/Bb G7M/A A7(5+)
 Os dias   eram   assim

    Dm7/9   G7
Perdoem por tantos perigos
    Dm7/9   F/G G7
Perdoem a falta de abrigo
     Gm7   C7/9   F7M Bb7M
Perdoem a falta de amigos
    Bm7(5-) E7/9-   G/A
 Os dias   eram   assim

    F7M/9   G/F
Perdoem a falta de folhas
    C7M   Cadd9/E
Perdoem a falta de ar
    Ab7M/Bb Bbsus4   Eb7M/Bb
Perdoem a   falta de escolha
    Ab7M/Bb Bbsus4   C7M/9 Am7/9
 Os dias   eram   assim

Dm7/9   G7
E quando passarem a limpo
  Dm7/9   F/G G7
E quando cortarem os laços
  Gm7   C7/9   F7M Bb7M
E quando soltarem os cintos
Bm7(5-) E7/9-   Gm/Bb G7M/A A7(5+)
Façam a festa por mim...

Dm7/9   G7
Quando lavarem a mágoa
Dm7/9   F/G G7
Quando lavarem a alma
Gm7   C7/9   F7M Bb7M
Quando lavarem a água
Bm7(5-) E7/9-   G/A
Lavem os olhos por mim

F7M   G/F
Quando brotarem as flores
C7M   Cadd9/E
Quando crescerem as matas
Ab7M/Bb Bbsus4   Eb7M/Bb
Quando colherem os frutos
Ab7M/Bb Bbsus4   C7M/9
Digam o   gosto pra mim...

Acontecimentos

Rock lento

Marina Lima e
Antonio Cícero

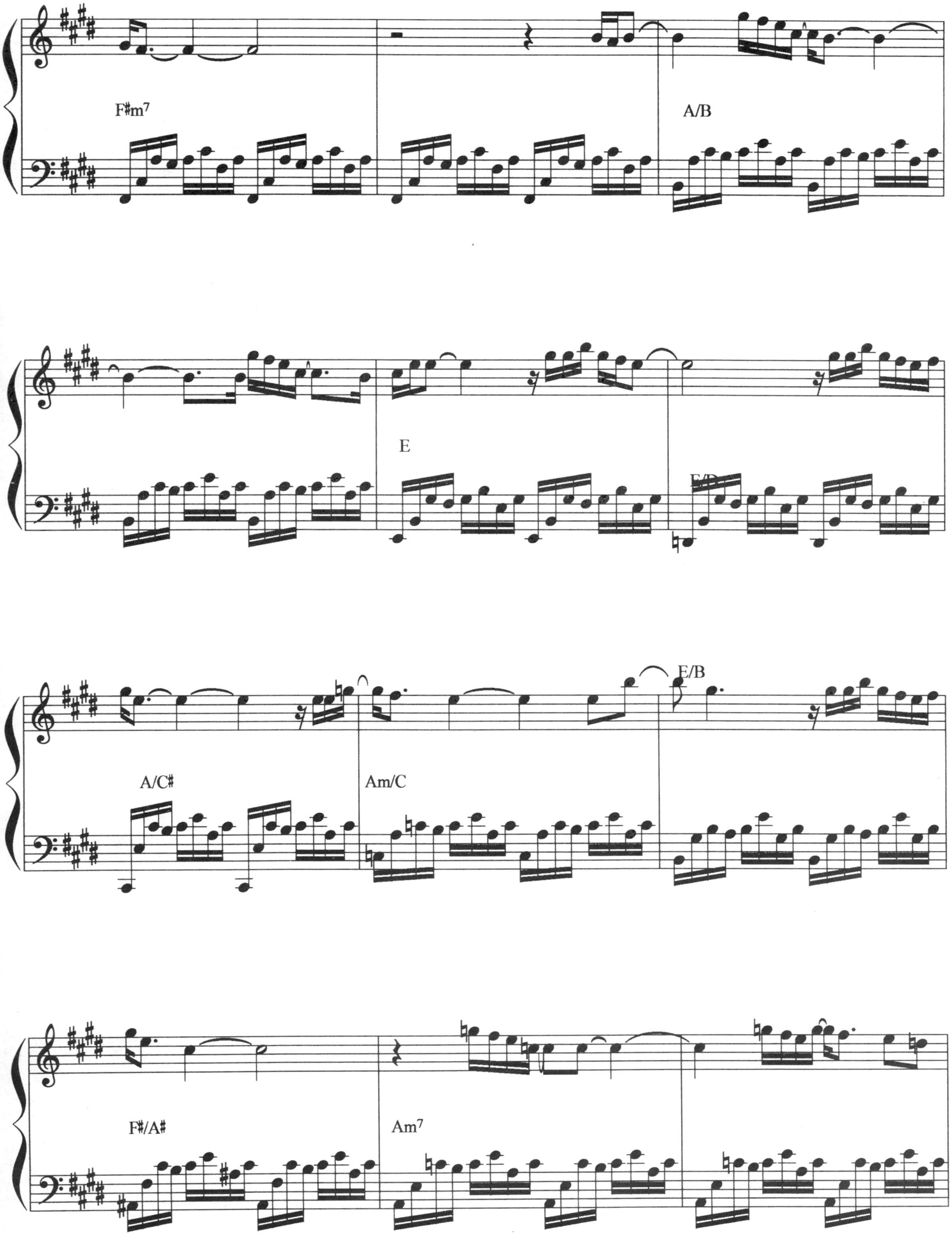
F♯m7
A/B
E
E/D
A/C♯
Am/C
E/B
F♯/A♯
Am7

TOM - MI MAIOR - E B7 E
INTRODUÇÃO: E

E
Eu espero
       F#m
Acontecimentos
    B7
Só que quando anoitece
                    E
É festa no outro apartamento
                        F# F#7sus4   B
Todo amor vale quanto brilha   aí

E o meu brilhava
                A7   E7
E brilha de jóia e de fantasia

O que que há com nós...
                A
O que que há com nós dois amor
     Am   E7
Me responda depois
                A
Me diz por onde você me prende
Am/C
Por onde foge
                E
E o que pretende de mim

E
Era fácil
             F#m   B7
Nem dá prá esquecer   aí

E eu nem sabia
    A/B   E
Como era feliz de ter você
                        F# F#7sus4   B
Como pode queimar nosso filme   hu - hum

Um longe do outro
                  A7
Morrendo de tédio e de ciume

   E7
O que que há com nós...
                 A
O que que há com nós dois amor
    Am   E E7
Me responda depois
              A   Am/C
Me diz por onde você me prende

Por onde foge
              Am/C Am   E
E o que pretende   de mim

Eu espero, como pode queimar nosso filme.

Um ser de luz
Samba

João Nogueira, Paulo Cesar Pinheiro e
Mauro Duarte

♩ = 100

Em
Am7
B7
Em
D
D7
Am7/11
D7
Em
C#m7/5-
F#7/C#
B7
3
3
F#m7/5-
B7
Em
Am7
B7
Em
D7
G
G(add9)
B7
E7sus4
E7

Am
B7
Em
F♯m7/5-
B7
Bm7/5-
E7
Am
B7
Em
F♯m7/5-
B7
Em7
B7
Em
B7
Em
Am7
C7
B7
Dm6
E7
Am
C7
B7
Em7/9
Am7
Em
D7

```
TOM - MÍ MENOR - Em B7 Em
INTRODUÇÃO: E7  E7/9-
```

    Am Am7 D7
Um dia
                     G(add/9)
Um ser de luz nasceu
Am7   B7 Em
Numa cidade do interior
E7   Am
E o menino Deus lhe abençoou
                    E7 Am
De manto branco ao se batizar

    E7   Am   E7 Am
Se transformou num sabiá
B7   Em
Dona dos versos de um trovador
Am7   B7   Em
E a rainha do seu lugar
D   D7   Am7(11) D7   Em
Sua voz então   a se espalhar
                C#m7/5- F#7/C#
Corria chão cruzava o mar
            B7
Levado pelo ar
F#m7/5-   B7   Em
Onde chegava espantava a dor
Am7   B7   Em
Com a força do seu cantar
D7   G G(add/9) B7
Mas aconteceu um dia
                 E7sus4   E7
Foi que o menino Deus chamou

Am   B7   Em
E ela se foi pra cantar
              F#m7/5- B7
Para além do luar
              Bm7/5- E7 Am
Onde moram as estre __las
           B7   Em
E a gente fica a lembrar
              F#m7/5-
Vendo o céu clarear
          B7   Em7   B7
Na esperança de vê - la... sabiá

Em B7 Em
Sa - bi - á
Am7   C7 B7 Dm6 E7
Que falta faz sua a - le - gri - a
Am
Sem você
              C7 B7   Em7/9
Meu canto agora é só   melancolia

Am7   Em
Canta meu sabiá
D7   G
Voa, meu sabiá
            Em B7
Adeus, meu sabiá
      Em B7
Até um dia!
         Para o final - canta meu sabiá...

Separação

José Augusto e
Paulo Sergio Valle

Dm7
G7/13
C
C7M
Am7
Dm7
D7
Dm7
G7
A7/9
Dm7
G7
C7M/9
Am7
Dm7
G7
Gm7
C7
F7M
F
F#dim7
C7M/G
A7
Dm7
1.
G7

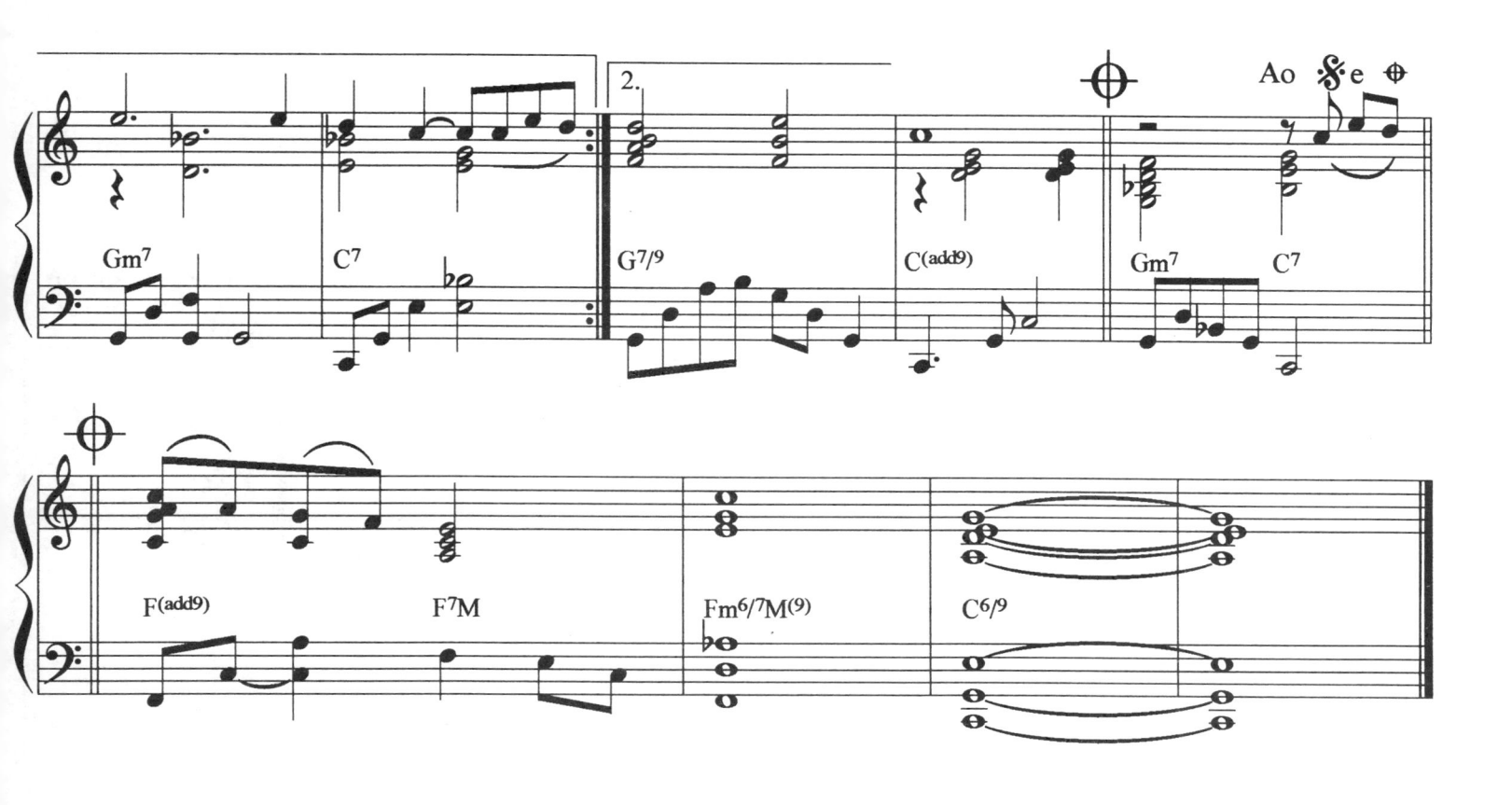

TOM - DÓ MAIOR - C G7 C
INTRODUÇÃO: Am7 Dm7 G7/9 C7M/G
F7M/5+ Dm/F Em7/9 Em7 G/A A7/9

```
        Dm7
Melhor assim
       F/G          G7           C7M/9
A gente já não se entendia muito bem
        Am7                   Dm7
E a discussão já era a coisa mais comum
      F/G         G7           C7M  G/A  A7/9
E havia tanta indiferença em teu olhar

        Dm7
Melhor assim
         G7/13              C   C7M
Pra que fingir se você já não tem amor
       Am7                Dm7
Se teus desejos já não me procuram mais
      D7            Dm7    G7  A7/9
Se na verdade pra você eu já não sou ninguém

       Dm7
De coração
         G7             C7M/9
Eu só queria que você fosse feliz
          Am7                   Dm7
Que outra consiga te fazer o que eu não fiz
         G7              Gm7  C7
Que você tenha tudo aquilo que sonhou
```

```
             F7M            F
Mas vá embora antes que a dor
           F#dim      C7M/G
Machuque mais meu coração
                A7                   Dm7
Antes que eu morra me humilhando de paixão
         G7                Gm7  C7
E me ajoelhe implorando pra ficar comigo

              F7M
Não diz mais nada
         F#°                 C7M/G
A dor é minha eu me agüento pode crer
             A7                     Dm7
Mesmo que eu tenha que chorar pra aprender
          G7/9  Cadd9  Gm7  C7
Como esquecer você.
                    Fadd9  F7M  Fm6/7M(9)  C6/9
```

Tristeza de nós dois

Bossa-nova

Durval Ferreira,
Mauricio Einhorn e Bebeto

♩ = 70

TOM - SOL MAIOR - G D7 G
INTRODUÇÃO: G7M/9 Gm7/9 G7M/9 Gm7/9

G(add9)   G6/9   Gm7/9
Quando a noite vem
      Gm6   Dm/F   Dm/C Bm7(5-) E7/9-
Vem a   saudade dos carinhos seus
Am7(5-) Am6 B7/13 B7/13- D/E
Olha,   meu amor
      E7/9-   A13 A7/13-
Chego a pensar
              Am7   D7/9-
Que o nosso amor não morreu
Gadd9   G6/9   Gm7/9 Gm6 Dm/F Dm/C
Quando esta tristeza vem falar
         Bm7(5-)   E7
Das coisas de   você
Am7   Am6   Bm7(5-)   E7/B
Ouço a sua   voz   no mar
Cm7(11) F7/C F#m7(5-)   B7/9-
Vejo o seu olhar   no céu
       E7M   C7M/9
A chorar como eu
          Am7   D7/9-
Com saudades também.

A paz

João Donato e
Gilberto Gil

TOM - SÍ BEMOL - Bb F7 Bb
INTRODUÇÃO: Eb/F   F7

   Bb6/9   Cm7
A paz invadiu o meu coração
     Eb/F   F7   Bb6/9
De repente me encheu de paz
                      Cm7
Como se o vento de um tufão
    Fsus4   Db7M
Arrancasse os meus pés do chão
                  Cm7 Eb/F
Onde eu já não me enterro mais
   Bb6/9   Cm7
A paz fez o mar da revolução
     Eb/F   F7   Bb6/9
Invadir o meu destino a paz
                 Cm7
Como aquela grande explosão
    Fsus4   Db7M
De uma bomba sobre o Japão
              Cm7 F7 Ab13
Fez renascer o Japão na paz

Db7M
Eu pensei em mim
    Bbm7
Eu pensei em ti
    Ebm7   Ab7/13
Eu chorei por nós
Db7M
Que contradição,
    Bbm7   F7sus4   Eb/F F/Eb
Só a guerra faz nosso amor em paz
   Bb6/9   Cm7
Eu vim, vim parar na beira do cais
     Eb/F   F7   Bb6/9
Onde a estrada chegou ao fim
                  Cm7
Onde o fim da tarde é lilás
    Fsus4   Db7M
Onde o mar arrebenta em mim
                 Cm7 Eb/F
O lamento de tantos ais.

Aves daninhas

Samba-canção

Lupicinio Rodrigues

TOM - DÓ MAIOR - C G7 C
INTRODUÇÃO: Gm/Bb A7 D7 Am7 D7/A F/G G7

      C/E   Ebdim   Dm6
Eu não quero falar com ninguém
    G7   C7M
Eu prefiro ir pra casa dormir
     G/A   A7/9   D7
Se eu vou conversar com alguém
     Am7   D7/A F/G G7/9
As perguntas se vão repetir
      C/E   Ebdim   Dm6
Quando eu estou em paz com meu bem
   G7   C7M
Ninguém por ele vem perguntar
    Em7(5-)   A7/E   Dm
Mas sabendo que andamos brigados
F/G   C7M/9   G7/9   C/G
Esses malvados querem me torturar.

    Bm7(5-) E7(9-) Am7
Se eu vou à uma festa sozinha
    Dm7   G7   C7M A7
Procurando esquecer o meu bem
    Dm7   F/G   C7M C7M/9
Nunca falta uma engraçadinha
    Am7   D7(9)/A G7
Perguntando. Ele hoje não vem?
   F7M/A   G#dim   Am7
Já não chegam essas mágoas tão minhas
   Dm7   G7 C7M A7(9-)
A chorar nossa separação
   Dm7   F/G   C7M Am
Ainda vem essas aves daninhas
   D7/9   G7   C/G
Beliscando o meu coração.
          Cadd9 Fm7/9(11) Dm7(5-) C7M(9)

Dá-me tuas mãos

Samba

Erasmo Silva e
Jorge de Castro

© Copyright 1967 by EDITORA MUSICAL BRASILEIRA LTDA.
Todos os direitos autorais reservados para todos os países. *All rights reserved.*

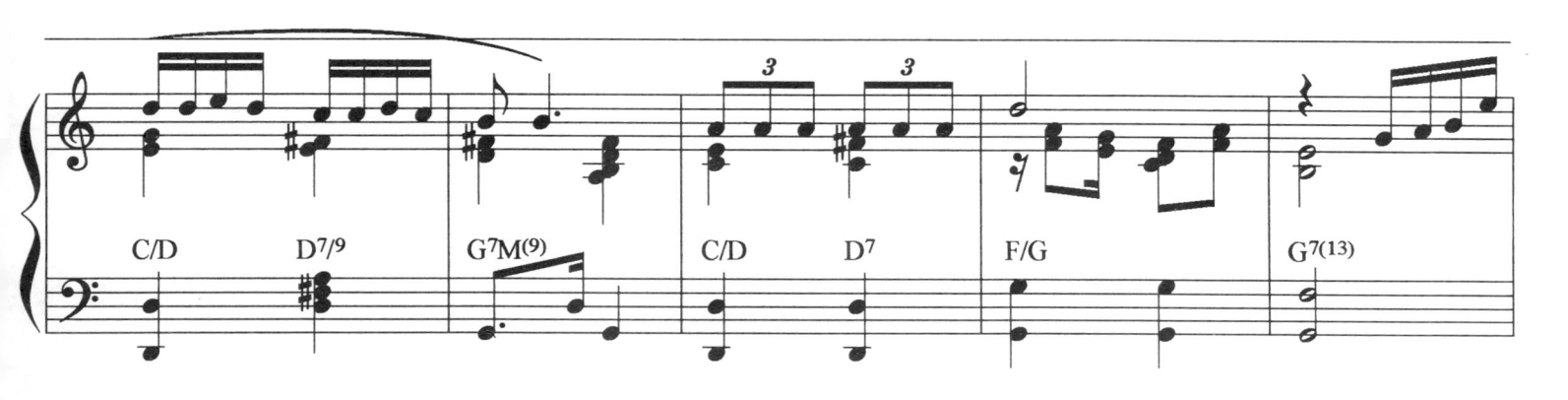

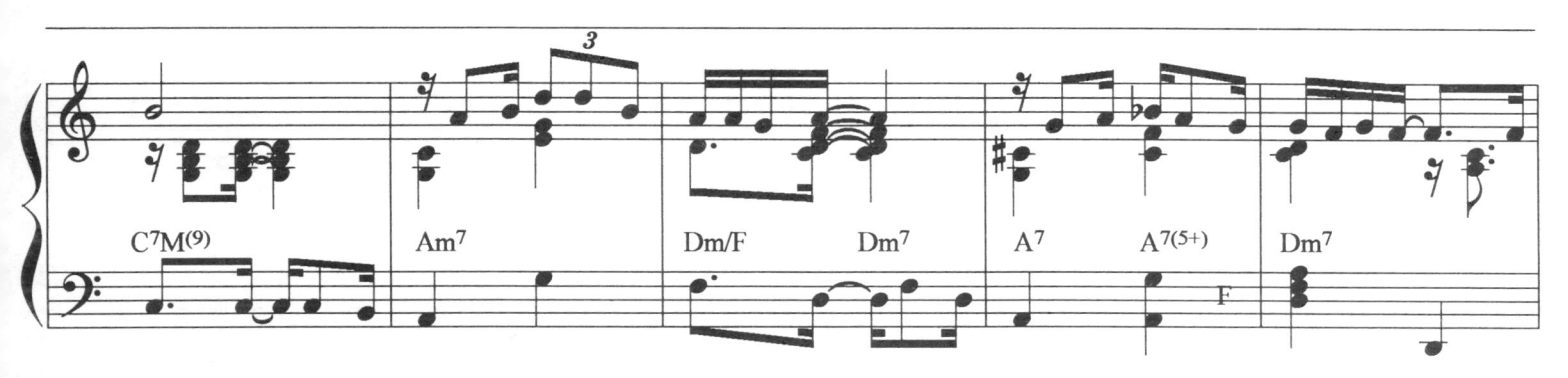

TOM - DÓ MAIOR - C G7 C
INTRODUÇÃO: C7M(9) C/E Am7 C/G Ab7 G7

G7   C7M/9
 Dá-me tuas mãos
Am7   Dm7
 Os teus lábios que eu quero beijar
A7   A7/5+(9-) Dm7
 Deixa que eu veja os meus olhos

 Nos teus olhos
Ab7(13)/9 G7(5+) C7M/9
 Para que eu possa sonhar
G7/13   C7M(9)
 Dá-me tuas mãos
Am7   Dm7
 Meu olhar te procura em vão
A7/E   A7(5+) Dm7
 Pois quanto mais tu te afastas
   G7   C/G C7M C7/9(13) C7
 Mais padece o meu coração

C7 F7M   E7
 Quero que teus olhos me olhem
 F7 E7 Am
 Como te olham os meus
 C/D   D7/9
G7M(9)
 Quero que eles sintam em meus olhos
 C/D   D7 F/G
 Tudo o que eu sinto nos teus
G7/13 C7M/9
 Dá-me tuas mãos
Am7   Dm7
 Fica perto de mim por favor
A7 A7(5+) Dm7
 Se tu fores embora outra vez
  G7(5+)   C7M
G7/13
 Amor, eu morrerei de dor.

Acontece

Canção

Cartola

TOM - SOL MAIOR - G D7 G
INTRODUÇÃO: C6/D D7/9 C6/D D7/9 C6/D D7/9-(13)

G7M(9)   Bbdim7   Am7   D7/13
Esquece o nosso amor, vê se esque_ce
    G7M   Em7   Am7   D7
Porque tudo no mundo aconte_ce
       G   G/F#   G7/F   C7M/9 Fm7/9 Bb
E acontece que já não sei mais amar
          Eb7M/9   Edim7 Fm7
Vai chorar, vai sofrer
       Bb7/13   Eb7M
E você não merece
        Cm7   D7   G7M(9) G6(9)
Mas isso acontece

(Introdução)

         G7M/B   Bbdim7
Acontece que meu coração
         Am7 D7
Ficou fri__o
       G7M   G/F#   Em7
E o nosso ninho de amor
            Am7   D7   G7/9
Está vazi __ o
              C(add9)   F7   Cm6
Se eu ainda pudesse fingir que te amo
Bm7   E7/9-
Ai, se eu pudesse
         Am7   D7
Mas não posso, não devo fazê - lo
                 G
Isso não acontece.

Baila comigo

Rita Lee e
Roberto Carvalho

TOM - LÁ MAIOR - A E7 A
INTRODUÇÃO: E E5+ E6 E7

```
        A7M  D/E              E7        A7M/9
Se Deus quiser    um dia eu quero ser índio
 D/E    E7       A7M
 Viver pelado pintado de verde
Am7       G7M/9
 Num eterno domingo
Bb/C     F6/9              B9
 Ser um bicho preguiça de espantar turista
        E        E5+       E6       E7
 E tomar banho de sol, banho de sol, banho de sol sol
          A7M  F#7/9- Bm7      E7     A7M/9
Se Deus quiser             um dia acabo voando
 D/E    E7       A7M
 Tão banal assim como um pardal
Am7       G7M/9
 Meio de contrabando
Bb/C     F6/9
 Desviar do estilingue
                B9
 Deixar que me xinguem
        E         E5+
 E tomar banho de sol, banho de sol,
 E6         E7
 Banho de sol, banho de sol
  Bm7 E7  A  F#7/9- Bm7     E7      A7M F#7/9-
- Baila   comigo      como se baila na tribo
  Bm7 E7  A  F#7/9- B9        E  E5+ E6 E7
- Baila   comigo   lá no meu esconderijo ai, ai, ai,
  Bm7 E7  A  F#7/9- Bm7     E7      A7M F#7/9-

- Baila   comigo      como se baila na tribo
  Bm7 E7  A  F#7/9- B9        E  E5+ E6 E7
- Baila   comigo   lá no meu esconderijo
```

```
        A7M  D/E              E7        A7M/9
Se Deus quiser    um dia eu viro semente
 D/E    E7       A7M
 E quando a chuva molhar o jardim
Am7       G7M/9
 Ah ! eu fico contente
Bb/C     F6/9              B9
 E na primavera vou brotar na terra
        E        E5+
 E tomar banho de sol, banho de sol,
 E6         E7
 Banho de sol  sol
        A7M  D/E              E7        A7M/9
Se Deus quiser    um dia eu morro bem velha
 D/E    E7       A7M
 Na hora H quando a bomba estourar
Am7       G7M/9
 Quero ver da janela
Bb/C     F6/9              B9
 E entrar no pacote de camarote
        E        E5+
 E tomar banho de sol, banho de sol,
 E6         E7
 Banho de sol, banho de sol
```

(Refrão) - Baila comigo...

Sorriu pra mim

Samba

Garôto e
Luiz Cláudio

TOM - SÍ BEMOL - Bb F7 Bb
INTRODUÇÃO: Eb7M Ebm6 Bb7M/9 Bb6 Gm7 C7/9 Cm7/9 F7

```
         Bb        Bb6    Eb7/9
       Sorriu para mim
                    Bb6/9      Dm7
       Não disse nada   porém
                  Ab7          G7      Cm  G7(5+)
       Fez um jeitinho de quem quer voltar
              Cm7              F7
       Dançava com alguém
                    Bbadd9       Gm
       Que me roubou seu amor
                  C7/9
       Agora é tarde demais
                     F7          F7/9
       Não sofro mais essa dor


         Fm7  Bb7  Eb7M/13  Eb7M/9  Gm7
       É tar__de é tar_____de
            C7              Ebm6  F7
       Arranjei um novo amor.
```

Saudade querida
Samba

Tito Madi

♩= 75
G#m7
C#m7
F#7/9
B7M
E7
A7
D7/9
C7/9
B7
E7/9-
Am7
D7
D/C
Bm7
E7/9-
Am7
D7
F7/11+
E7
Am7
Cm7M/9
Bm7
E7/9-
A7
1.
Am7/9

```
TOM - SOL MAIOR - G D7 G
INTRODUÇÃO: G7M Am7 Bm7 Am E7/9-
```

    Am7   D7
Pensei que a saudade viesse
                    Gadd9 Bm7/5- E7
E não me deixasse em paz
    Am7   D7
Fiz jeito de quem nada quer
         G7M   F7/9(11+) E7/9-
E ela se foi, não voltou mais.
    Am7   F7/9(11+)
Saudade que agarra a gente
        G7M   F#7
A saudade ruim de quem...
   B7M   G#m7   C#m7
Nos faz passar belos momentos
  F#7   B7M E7 A7 D79 C79 B7 E7/9-
E depois se vai,

    Am7   D7
Pensei, mas que engano cruel
     D/C   Bm7   E7/9-
Foi pior para mim
    Am7   D7
Fiz jeito de quem se arrepende
       F7/11+ E7
E não é tão ruim
    Am7   Cm7M/9
Saudade! Oh! querida saudade
          Bm7   E7/9-
Volte aos braços meus   (seu lugar)
    A7   Am7/9 C/D
Ela veio toda zangadinha,
               Am7   Cm7M/9 Cm6 D7
(Para final) - toda boniti_____nha

   D7   G C/D D7/9-
Resolveu ficar.
      G Am7 Bm7 Am D7/A G7M

Prelúdio nº 3

H. Villa-Lobos

136

G♯dim
Am/C
D7
a tempo
F7
E
Rall
Dm7
Am7
Dm6
Am7
G♯dim
Am/C
1.
Andante
2.
Am
Dm
A7
Am

Toda forma de amor

Lulu Santos

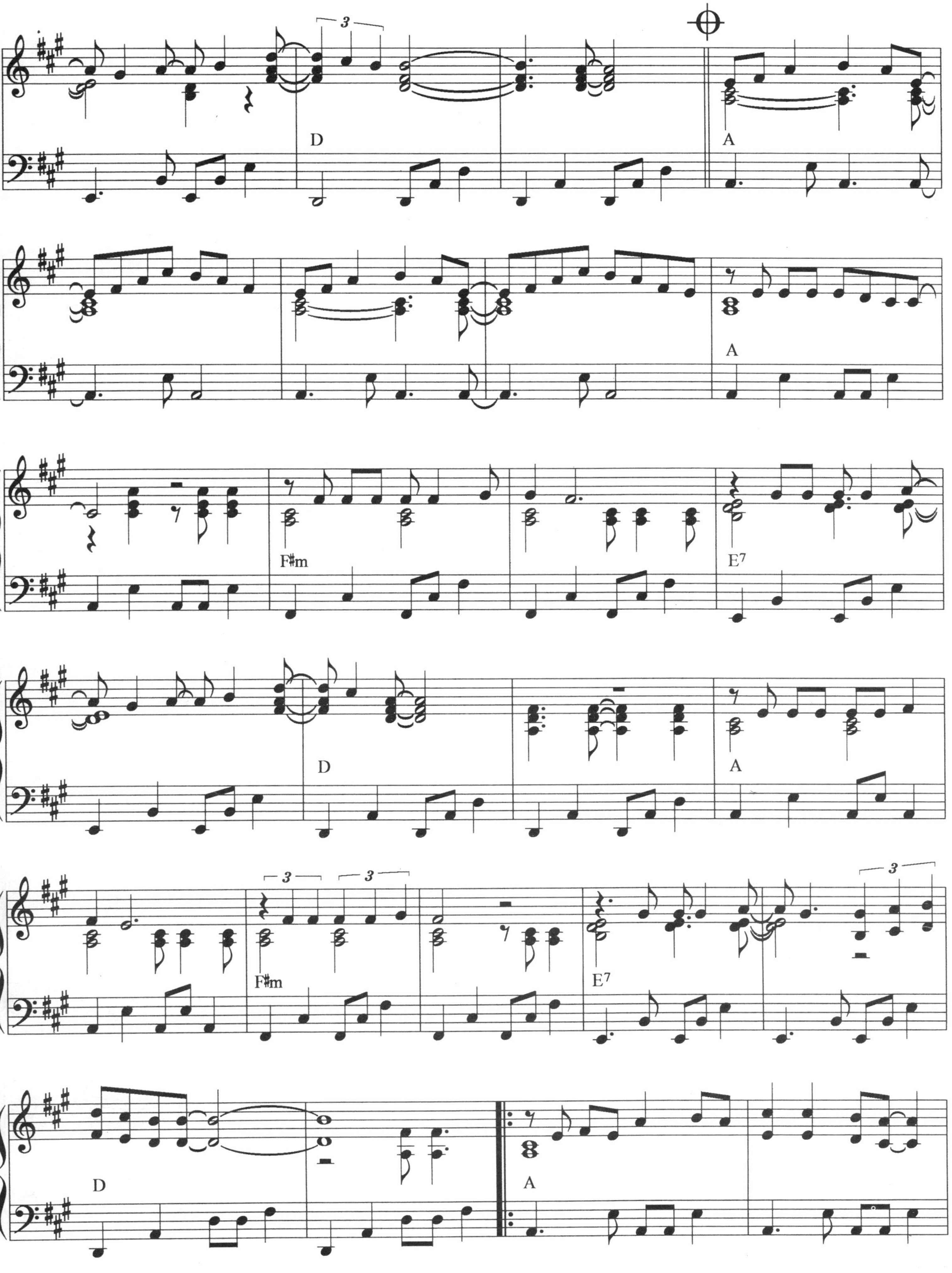

A5+
D
1.
Dm
G7/11+
D7M/E
2.
Dm
E7/13
D.C. sem rep. e
A
A
A5+
D
1.
Dm
G7/11+
D7M/E
D/E
2.
Dm
D7M/E
A

```
TOM - LÁ MAIOR - A E7 A
INTRODUÇÃO: A D D(add9)
```

A
  Eu não pedi pra nascer
F#m
  Eu não nasci pra perder
E7
  Nem vou sobrar de vítima
      D
  Das circunstâncias
A
  Eu tô plugado na vida
F#m
  Eu tô curando a ferida
E7
  Às vezes eu me sinto
      D
  Uma mola encolhida

Introdução...

  Você é bem como eu
F#m
  Conhece o que é ser assim
E7
  Só que dessa história
      D
  Ninguém sabe o fim
A
  Você não leva pra casa
F#m
  E só traz o que quer
E7
  Eu sou teu homem
      D
  Você é minha mulher

A
  E a gente vive junto
A5+
  E a gente se dá bem
      D
  Não desejamos mal
  Dm G7/11+ D7M/E D/E
  A qua_se ninguém
A
  E a gente vai à luta
A5+
  E conhece a dor
      D
  Consideramos justa
  Dm   E7/13   A
  Toda forma de amor...

Introdução...

  Eu não pedi pra nascer
F#m
  Eu não nasci pra perder
E7
  Nem vou sobrar de vítima
      D
  Das circunstâncias
A
  Você não leva pra casa
F#m
  E só traz o que quer
E7
  Eu sou teu homem
      D
  Você é minha mulher.

Sem pecado e sem juízo

Baby Consuelo e
Pepeu Gomes

TOM - RÉ MENOR - Dm A7 Dm
INTRODUÇÃO: Dm Dm/C# Dm/C Dm6/B

Dm   Dm/C#
Dia após dia
  Dm/C   Dm6/B
Começo a encontrar
Gm   C7   F G/A A7
Mais de mil maneiras de amar
  Dm   A7/C#
Aqui nesta cidade
   Dm/C   Dm6/B
O pôr-do-sol e a paisagem
Gm   C7
Vem beijar luar
      F   G/A A7
Doar felicidade

Bis

D   F#m
Tudo azul
 G   G/A A7
Adão e Eva no paraíso
D   F#m
Tudo azul
G   G/A A Am
Sem pecado e sem juízo
      C/D
E todo dia livres
G
Dois passarinhos
C7/9(13)   D
Cantar, pra esse amor
      G6/A A7
Superestar sempre feliz.
            D(add9) Gm7

Amor de índio

Beto Guedes e
Ronaldo Bastos

145

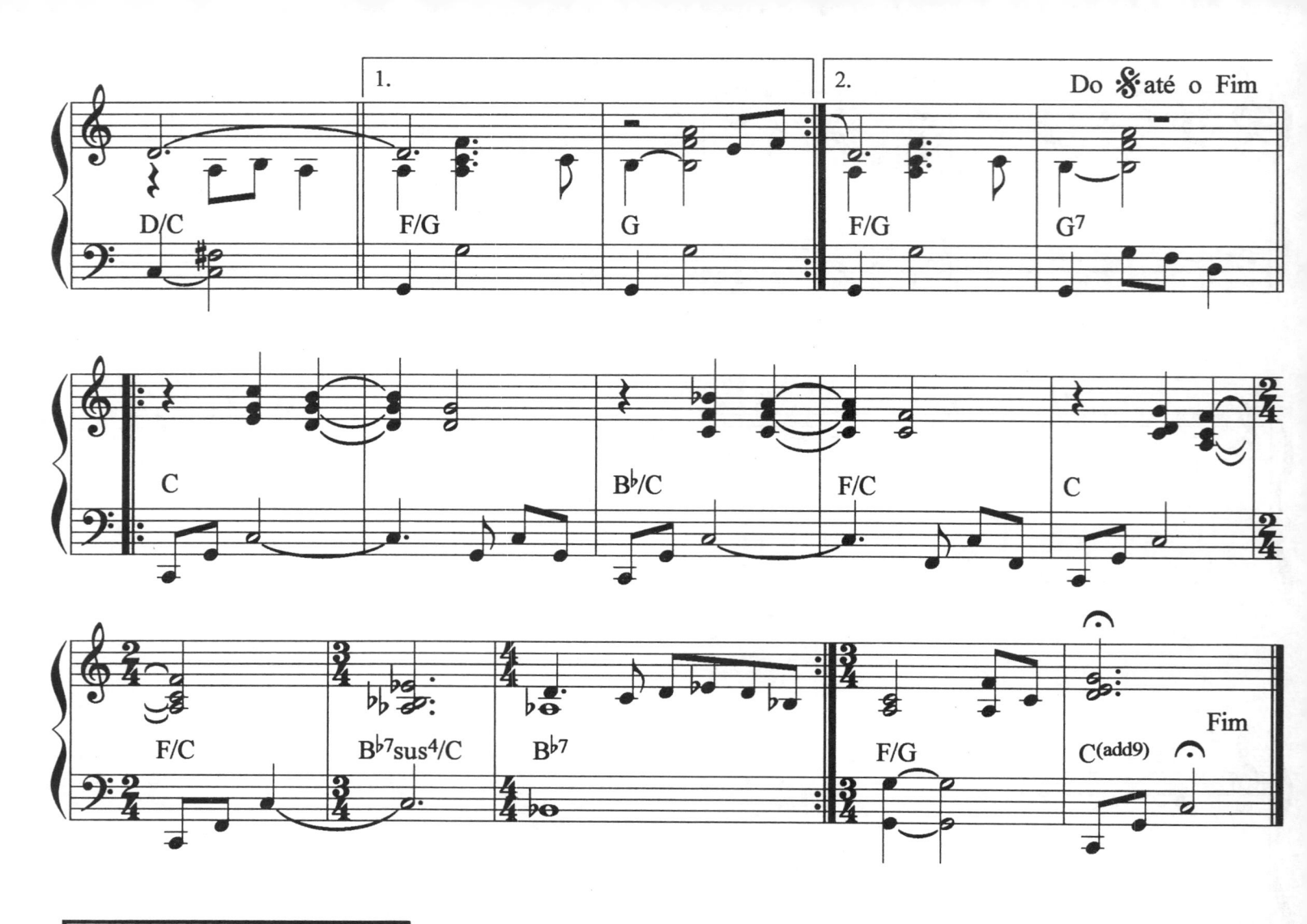

```
TOM - DÓ MAIOR - C G7 C
INTRODUÇÃO: C  Bb/C  F/C
Gsus4  F/G  Bb7sus4/ C  Bb7
```

C   C7M   F/A
Tudo que move é sagrado
                 C7M   F/A
E remove as montanhas com todo cuidado, meu amor
 C7M
Enquanto a chama arder
     F/C
Todo dia te ver passar
C   C7M   F/A
Tudo viver a teu lado
       G7   C   C7M F/A
Com o arco da promessa no azul pintado pra durar
    C7M   Dm7/11/C
  Abelha fazendo mel vale o tempo que não voou
     C7M   Dm7/11
  A estrela caiu do céu o pedido que se pensou
       C7M/E
  O destino que se cumpriu
        Gsus4   D7(9)/C F/G G
  De sentir teu calor e ser todo
          C7M/E   Gsus   D7(9)/C F/G
Todo dia é de viver para ser o que for e ser tudo

C   C7M   F/A
Sim, todo amor é sagrado
                 C7M   F/A
E o fruto do trabalho é mais que sagrado, meu amor
       C7M   F/A
A massa que faz o pão vale a luz do teu suor
C   C7M   F/A
Lembra que o sono é sagrado
     G7   C
E alimenta de horizontes
       C7M   F/A
O tempo acordado de viver
          C7M
  No inverno te proteger
            Dm7/11/C
  No verão sair pra pescar
           C7M
  No outono te conhecer
           Dm7/11
  Primavera poder gostar
           C7M/E
  No estio me derreter
        Gsus4   D7(9)/C F/G G
Pra na chuva dançar e andar junto
          C7M/E
O destino que se cumpriu
        Gsus4   D7(9)/C F/G G
De sentir teu calor e ser todo.

Sentinela

Milton Nascimento e
Fernando Brant

D♭6/F
B♭m7
Cm9
Cm7
Fm7/11
B♭m7
Cm9
Fm11
Fm7/11
Em7/9(11)
Em7
E♭m7/11
D♭m7/11
D♭m7/9(11)
Bm7/11
1.
B♭m7

2.
Coro
B♭m7/9
Fm7
Fm7/9
B♭m7
D♭m7
E♭m7
B♭m7
1.
2.
Dm11
B♭
B♭7M
B♭7M
B♭7M/F
Gm7/9
Am7/9
Dsus4
D7sus4

TOM - FÁ MENOR - Fm C7 Fm
INTRODUÇÃO: Fm7/9(11)

Fm7
Morte, vela
   Fm7/11
Sentinela sou
        Dbadd9/F
Do corpo desse meu irmão

Que já se vai
     Bbm7   Cm7   Cm7/11
Revejo nessa hora tudo que ocorreu
       Fm   Fm7/11
Memória não morrerá
Fm7   Cm7/11
Vulto negro em meu rumo vem
    Db7M/9   Db6/F
Mostrar a sua dor plantada nesse chão
    Bbm7
Seu rosto brilha em reza
    Cm9   Cm7
Brilha em faca e flor
    Fm7/11
Histórias vem me contar
Bbm7   Cm9
Longe, longe ouço essa voz
       Fm11 Fm7/11 Em7/9(11)
Que o tempo não levará

    Em7   Ebm7/11   Dbm7/11
"Precisa gritar sua força, ê irmão sobreviver
    Dbm7/9(11)
A morte inda não vai chegar
           Bm7/11
Se a gente na hora de unir

Os caminhos num só
        Bbm7 Bbm7/9 Em7/9(11)
Não fugir nem se desviar"

    Em7   Ebm7/11   Dbm7/11
"Precisa amar sua amiga, ê irmão e relembrar
    Dbm7/9(11)   Bm7/11
Que o mundo só vai se curvar

Quando o amor que em seu corpo já nasceu
                        Fm7
Liberdade buscar na mulher que você encontrou"
Dm11
Morte, vela sentinela sou
  Bb   Bb7M   Bb7M/F
Do corpo desse meu irmão que já se foi
    Gm7/9   Am7/9
Revejo nessa hora tudo que aprendi
      Dsus4
Memória não morrerá
Gm7   Am
Longe, longe ouço essa voz
      Dsus4   D7sus4
Que o tempo não levará.

Rio de Janeiro
(Isto é o meu Brasil)
Samba

Ary Barroso

G6/9
G7M
B♭dim
Am7
E7/9-
Am7
F7/9
E7/9-
Am7
E7
Am7
E7
Am7
Bm7
E7
Am
Am7
A7
D7
D7(5+)
D7/9-
G

G7M
C/D
D7
G(add9)
G7M
G7
Bm7(5-)
E7
Am
E7
Am
Cm7
Cm6
G7M
C/D
G7M/9
G7(5+)
3
C7M
Am7
D7
G(add9)
Do 𝄋 ao 𝄌
D7/9(13)
D7/9

TOM - SOL MAIOR - G D7 G
INTRODUÇÃO: Gadd9 G/F E7 Am7 D7

Gadd9 G6/9   E7/9-
Para cantar a beleza
          Am7 D7   G7M C/D
A grandeza   de nossa ter__ra
Gadd9   A7/9   D(add9)
Basta ser bom brasileiro
                 Em7
Mostrar ao mundo inteiro
A7   D7   D7/5+ G
Tudo que ela encerra, Brasil.
G7M   G6/9 C7/11+ G(add9)
Ô nossas praias são tão claras
         C7/9(11+)   G6/9
Nossas flores são tão raras
Bbdim   Am7   E7/9- Am7 F7/9 E7/9-
Isto é o meu Brasil
Am7 E7 Am7   E7   Am7   Bm7
Ô   nossos rios, nossas ilhas e matas
        E7   Am   Am7
Nossos montes, nossas lindas cascatas
A7   D7   D7/5+ D7/9-
Deus foi quem criou ô ô   ô
G   C/D D7 G(add9)
Ô minha terra brasileira
        G7M   G7
Ouve esta canção ligeira
       Bm7(5-) E7   Am E7 Am
Que eu fiz   quase louco de saudade
  Cm7   Cm6   G7M C/D
Brasil, tange as cordas dos teus violões
   G7M/9   G7/5+   C7M
E canta teu canto de amor
         Am7   D7   G(add9) D7/9(13) D7/9
Que vai fundo nos co__ra__ções

Gadd9 G6/9   E7/9-
Para sentir a grandeza
          Am7 D7   G7M C/D
A beleza   do meu país
Gadd9   A7/9   D(add9)
Basta uma só condição
                 Em7   A7   D7
É ser brasileiro e ter coração
                 D7/5+
Rio de Janeiro...
G7M   G6/9 C7/11+ G(add9)
Ô nossas flores são tão raras
         C7/9(11+)   G6/9
Nossas noites são tão claras
Bbdim   Am7   E7/9- Am7 F7/9 E7/9-
Isto é o meu Brasil.
Am7 E7 Am7   E7   Am   Bm7
Ô   esses montes, essas ilhas e matas
        E7   Am   Am7
Essas fontes, essas lindas cascatas
A7   D7   D7/5+ D7/9-
Isto é o meu Brasil ô ô   ô
G   C/D D7 G(add9)
Ô minha terra brasileira
        G7M   G7
Ouve esta canção ligeira
       Bm7/5- E7   Am E7 Am
Que fiz   quase louco de saudade
  Cm7   Cm6   G7M C/D
Brasil, tange as cordas dos teus violões
   G7M/9   G7/5+   C7M
E canta o teu canto de amor
         Am7   D7   G(add9)
Que vai fundo nos co___rações.

Rato - Rato

Maxixe

Casimiro Rocha e
Claudino Costa

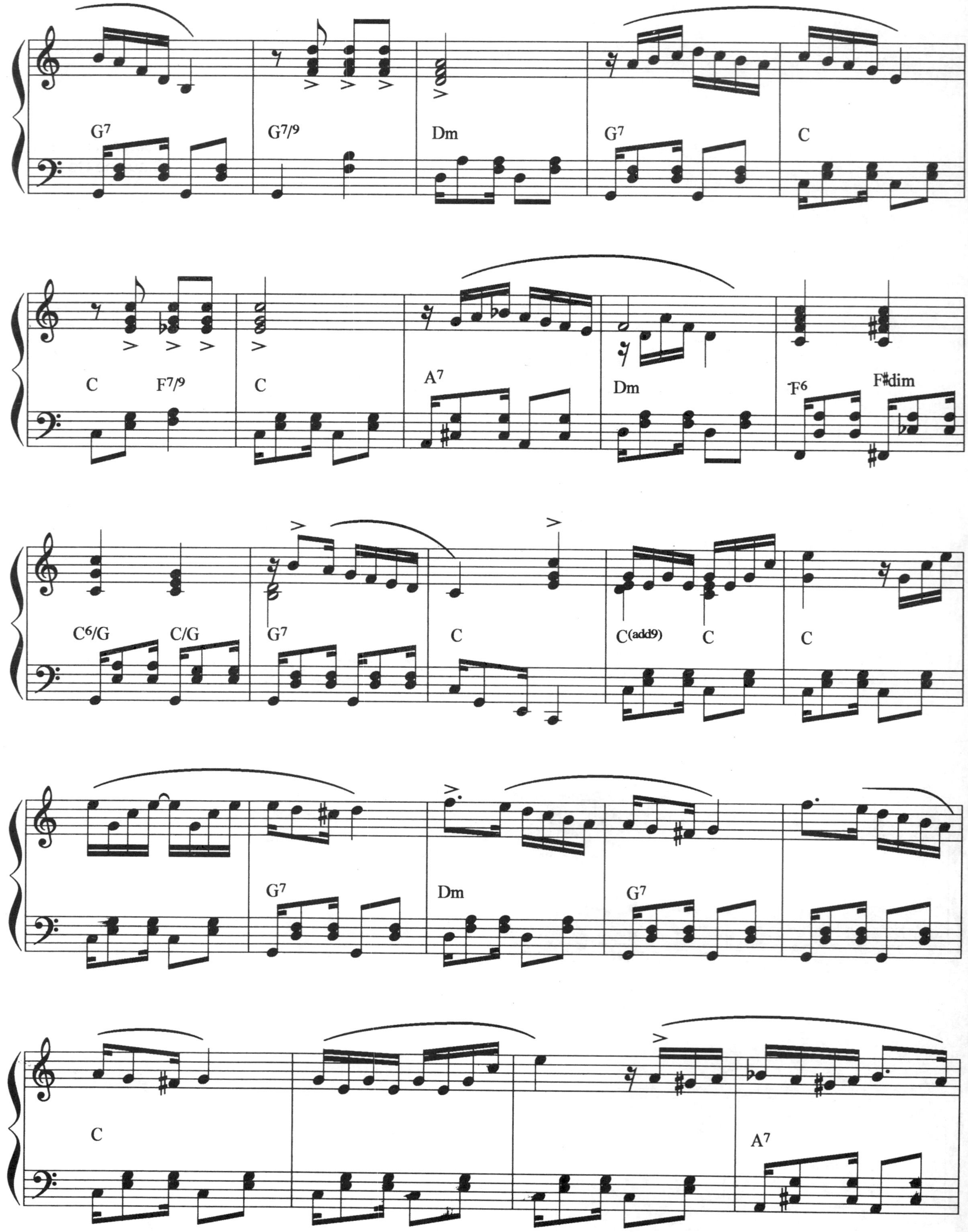
G7
G7/9
Dm
G7
C
C
F7/9
C
A7
Dm
F6
F♯dim
C6/G
C/G
G7
C
C(add9)
C
C
G7
Dm
G7
C
A7

D.C. al Fine

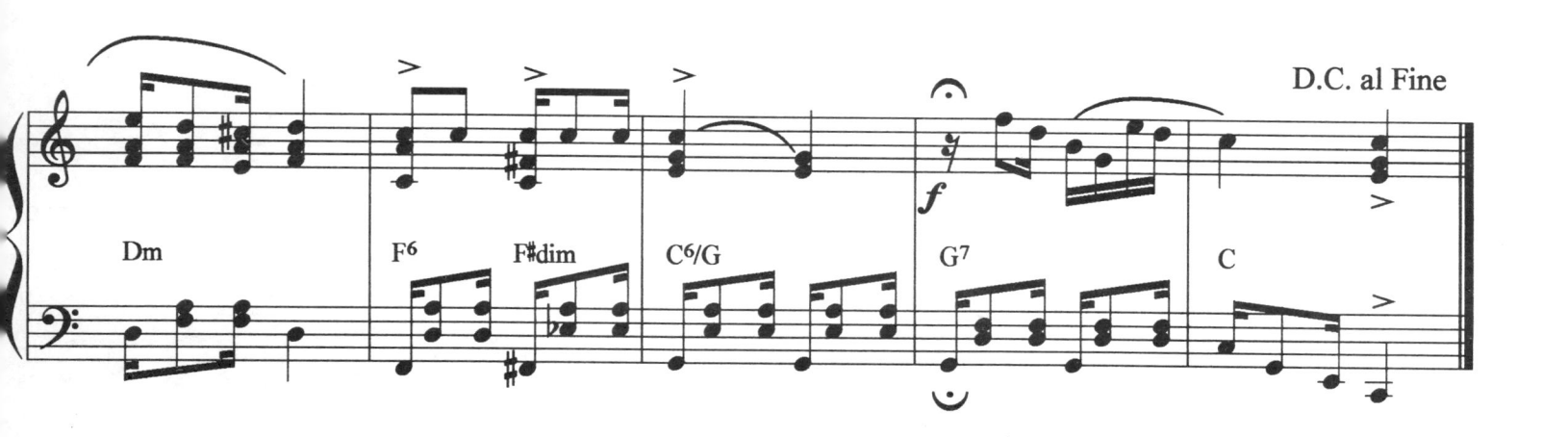

TOM - DÓ MAIOR - C G7 C

C
Rato rato rato,
                      G7
Porque motivo tu roeste o meu baú,
Dm7 A7   Dm7 G7
Rato rato rato,
                  C
Audacioso e malfazejo gabirú.
Cadd9   C   A7
Rato rato rato,
                      Dm
Eu hei de ver ainda o seu dia final
      F   C G7
A ratoeira te persiga e consiga
              C
Satisfazer meu ideal.

           F7(9)/C C
Quem te inventou
                 G7   G79
Foi o diabo não foi outro podes crer.
         Dm G7
Quem te gerou
                  C
Foi uma sogra pouco antes de morrer.
        F79 C A7
Quem te criou
                Dm
Foi a vingança penso eu,
F6 F#dim C6/G G7   C
Rato Rato   Rato   Rato emissário do judeu.
Quando a ratoeira te pegar monstro covarde
              G7
Não venhas a gritar, por vavor.
Dm   G7
Rato velho discarado roedor
              C
Rato velho como tu faz horror
C
Nada valerá o teu cui, cui
     A7   Dm
Tu morrerás e não terás quem chore por ti
F6   F#dim   C6/G   G7
Vou provar - te que sou mau
 (Frase falada)
Meu tostão é carantido
            G7   C
Não te solto, não te solto nem a páu.

Rancho do Rio

Marcha-rancho

João Roberto Kelly e
J. Ruy

2.
B♭m7 E♭7 E♭ A♭/B♭ B♭7 E♭
Gm Fm B♭7 E♭6/9
A♭/B♭ B♭7 E♭ F7/9 B♭(add9)
F7 B♭7 Fm7 B♭7
Ao e
E♭ Fm7 B♭7 E♭ Fm7/9 B♭7
E♭ Fm7 B♭7 E♭ D♭7

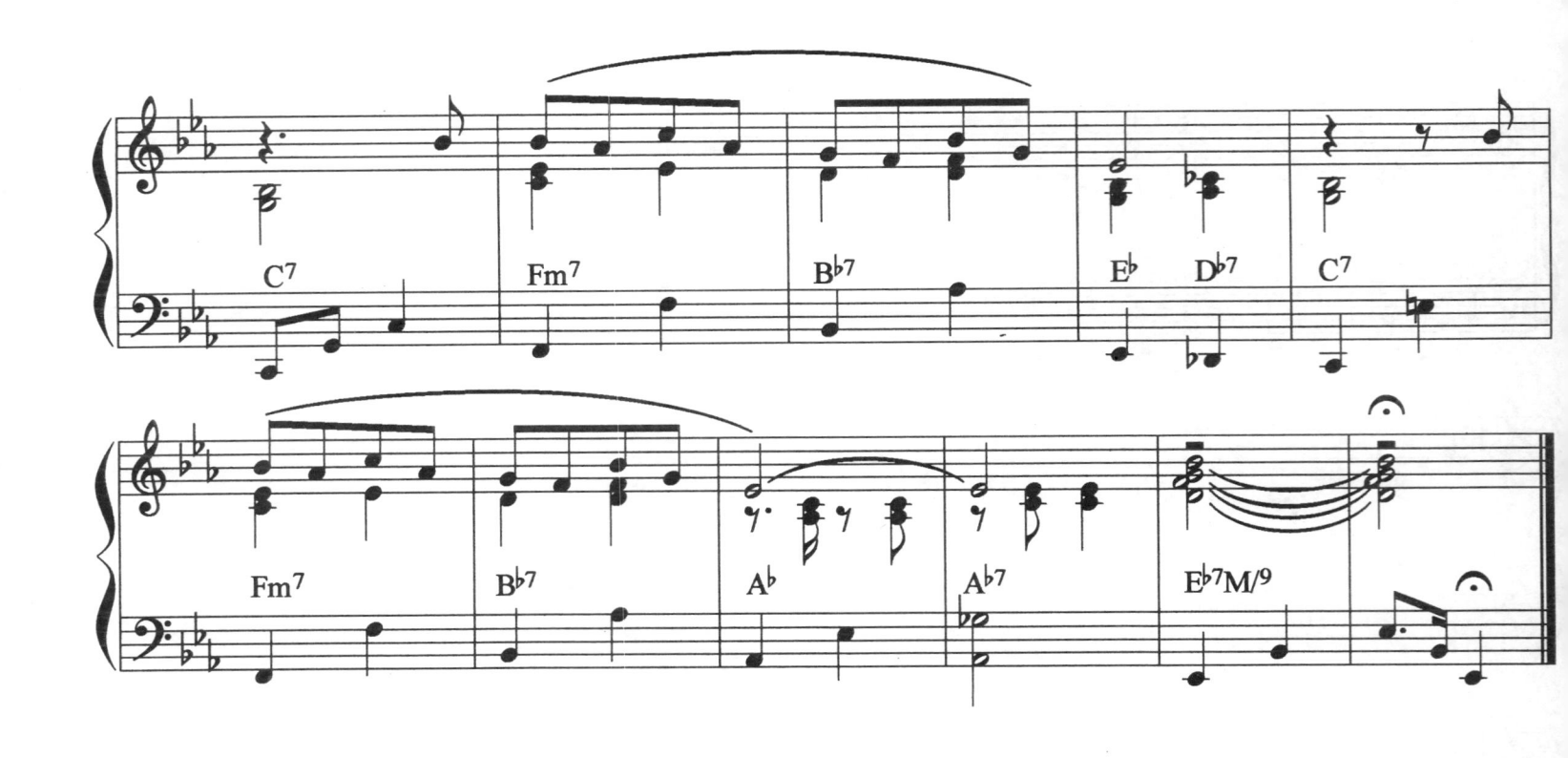

TOM - MÍ BEMOL MAIOR - Eb Bb7 Eb
INTRODUÇÃO: Fm D7 Gm C7 Fm7 Bb9 Eb Ab/C Bb7

```
Eb      Cm7     Cm/Bb       Fm7
Foi Estácio de Sá quem fundou
    Bb7/9              Eb6/9 Eb7/9
E São Sebastião abençoou
 Ab     D7      Gm7  C7/9
Rio é quatrocentão
            Fm      Bb7     Eb Ab/Bb Bb7
Mas é um brôto no meu coração
 Eb
Eu falo assim porque
 Gm         Fm   Bb7     Eb6/9 Ab/Bb Bb7
Rio, eu conheço        você
     Eb
Com essa idade
F7/9             Bb(add9)
Que o bom Deus lhe deu
        F7
E prá cantar

La - ra - la
          Bb7
E para amar

La - ra - la
         Fm7      Bb7       Eb Db7 C7
BIS -Você está mais brôto do que eu.
                              Ab Ab7 Eb7M/9
```

Qualquer coisa

Caetano Veloso

A7
B♭7M
D7M
D7M
FIM
Em7/9
A7/13
Em7/9
A7
D7M
Ddim
D7M
Ddim
Em7
A7/13
Em7
A7
F#m7(5-)
B7
F#m7(5-)
B7
Em7
Gm7
Dm
G7
C7M
E7
A7/9

Ao 𝄋 2 vezes e FIM

TOM - RÉ MENOR - Dm A7 Dm
INTRODUÇÃO: Dm7/9 G7 C7M E7/D G/A A7

```
        Dm7                       G7
Esse papo já tá qualquer coisa
          C7M       E7       G/A A7
Você já tá pra lá de Marrakesh
        Dm7                       G7
Mexe qualquer coisa dentro doida
            C7M       E7       G/A A7
Já qualquer coisa doida dentro mexe
   Bb7M
Não se avexe não, baião de dois
                      A7
Deixe de manha, deixe de manha

Pois, sem essa aranha, sem essa aranha,
           Bb7M
Sem essa aranha

Nem a sanha arranha o carro
                      A7
Nem o sarro arranha a Espanha

Meça tamanha, meça tamanha
Bb7M                D7M
Esse papo seu já tá de manhã
```

```
Em7/9       A7/13  Em7/9 A7
Berro pelo aterro, pelo desterro
D7M         Ddim   D7M   Ddim
Berro por seu berro, pelo seu erro
Em7           A7/13
Quero que você ganhe
Em7           A7
Que você me apanhe
F#m7(5-)      B7    F#m7(5-) B7
Sou o seu bezerro gritando mamãe
Em7                      Gm7
Esse papo meu tá qualquer coisa
                    Dm          G7
E você tá pra lá de Teerã - qualquer coisa
          C7M       E7       A7/9
Você já tá pra lá de Marrakesh
Dm7/9                     G7
Mexe qualquer coisa dentro doida
            C7M       E7     G6(9)/A A7/9
Já qualquer coisa doida dentro mexe
```

Não se avexe não...

Pro dia nascer feliz

Frejat e Cazuza

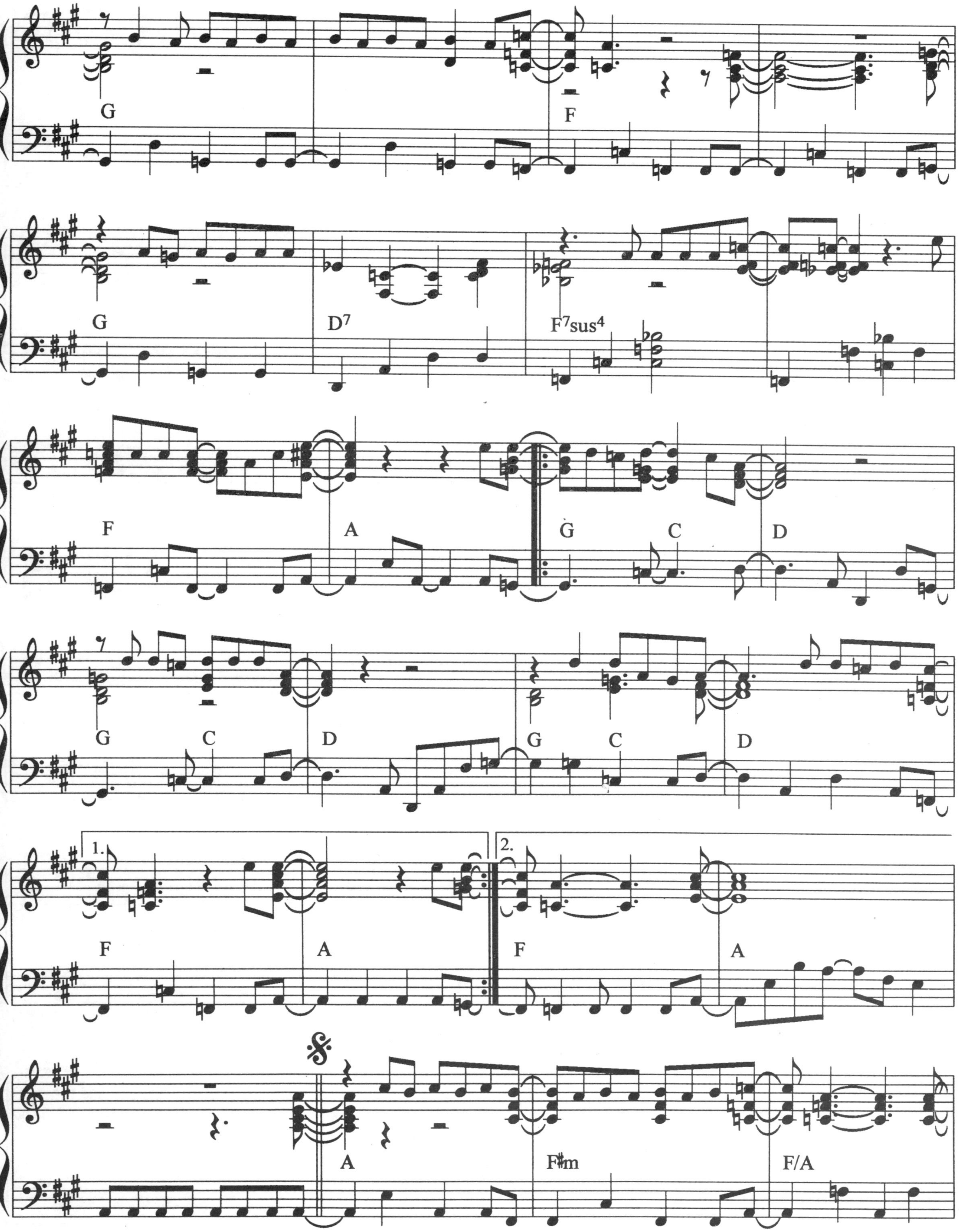
G
F
G
D7
F7sus4
F
A
G
C
D
G
C
D
G
C
D
1.
F
A
2.
F
A
A
F♯m
F/A

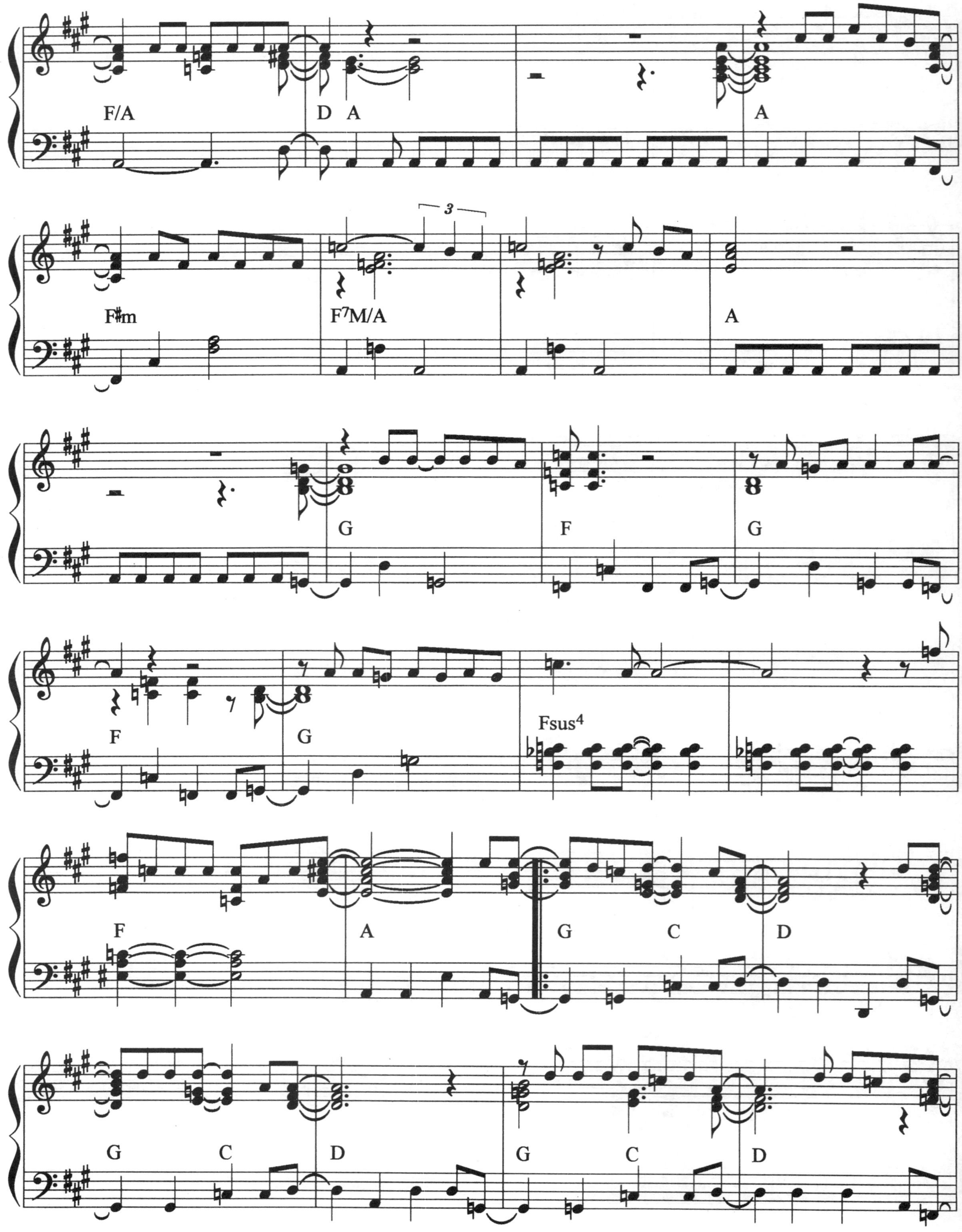
F/A
D A
A
F#m
F7M/A
A
G
F
G
F
G
Fsus4
F
A
G C D
G C D
G C D

TOM - LÁ MAIOR - A E7 A
INTRODUÇÃO: A Bm/A F/A Aadd9
Bm/A A Bm/A F/A Aadd9 Bm/A A

       F#m/A
Todo dia a insônia
               F/A
Me convence que o céu
            D A
Faz tudo ficar infini - to
A   F#m
E que a solidão é pretensão
        F
De quem fica
           D A
Escondido fazendo fi - ta
                     F G
Todo dia tem a hora da sessão coruja
              D7 F7sus4
Só entende quem namora
         F/G
Agora vão embora
    F   A
Estamos meu bem por um triz
   G   C   D
Pro dia nascer feliz
   G   C   D G
Pro dia nascer feliz
  C   D
O mundo acordar
           F   A
E a gente dormir, dormir
   G   C   D
Pro dia nascer feliz
 G   C   D G
Essa é a vida que eu quis
     C   D
O mundo inteiro acordar
          F   A
E a gente dormir, dormir

       F#m
Todo dia é dia
               F/A
E tudo em nome do amor
                 D A
Ah, essa é a vida que eu quiz
       F#m
Procurando vaga
            F7M/A
Uma hora qui, outra ali
                 A G
No vai - vem dos seus quadris
             F G
Nadando contra a corrente
      F G
Só pra exercitar
                Fsus4
Todo o músculo que sente
     F   A
Me dê de presente o seu bis

       G   C   D
Pro dia nascer feliz
       G   C   D G
BIS | Pro dia nascer feliz
             C   D
O mundo inteiro acordar
              F   A
E a gente dormir, dormir.

Prelúdio
Samba

Hervê Cordovil e
Vicente Leporace

```
TOM - MÍ BEMOL - Eb Bb7 Eb
INTRODUÇÃO: Eb7M  F#m7  Fm7  Abm6
Eb7M  Db7  Eb7M  Ab7M/Bb  Bb7/9-(13)
```

```
Eb7M                         D7
Não, não posso mais te perdoar
                      Db7M  C7
Não posso e nem devo esquecer
              Fm      Fm7
De tudo quanto vivo a padecer...
Ab7M  Db7/9              Eb7M
Não!      Quando a saudade me afligia
             D7/9-
Tu cantavas, tu sorrias...
     Gm7   C7  Fm7       Bb7
Zombavas até  do meu penar,
      Eb6      D7
Da minha fé...
```

```
G7M          Em7 Bm7 Bbm7 Am7
Noites inteiras ao pia__no
                  Cm6  D7  G7M
E a inspiração jamais me vin___ha
         G7/9         C7M
Para um prelúdio compor
         C/D       Gadd9
Que te falasse de amor
          Am7  D7  Gadd9
Para te fazer   mais minha!...
Bm7  Bb7/9
Não, não...
```

Preciso aprender a só ser

Samba-canção

Gilberto Gil

TOM - SOL MAIOR - G D7 G
IMTRODUÇÃO : Gadd9 Fm7/9 Eb7M
D7/5+(9+) G7M Eb7M D7/9+

    G   Bb7/9(13)
Sabe gente
      Eb7M   F7   G7M/9
É tanta coisa pra gente achar
      Fm7/9   Bb7
Que cantar, como achar,
      Eb7M
Como andar,
      Gm79   C7
O que dizer, o que calar,
  Bm7   E7sus4 E7/9- A7/13 D7(9-)/A
O que querer
      G   Bb7/9(13)
Sabe gente
      Eb7M   F7   G7M/9
É tanta coisa que eu fico sem jeito
      Fm7/9   Bb7   Eb7M
Só eu sozinho e esse nó no peito
      Gm7/9   C7
Já desfeito em lágrimas
      Bm7   E7sus4 E7
Que eu luto pra esconder
Am7
Sabe gente

      D7
Eu sei que no fundo
      Bm7
O problema é só da gente
      Bb7
É só do coração dizer não
      Am7 D7
Quando a mente tenta nos levar
      G6/9 F#7 F7M E7
Pra casa do sofrer
      Am7 Bm7 Cm6
E quando escutar um samba canção
      Bm7
Assim como
      G7M/9 F#7 F6
Eu preciso aprender a só ser
    E7 Am7 Cm6   Bm7 E7/9
Reagir e ouvir   o coração responder
    A7/13 D7 Gadd9 D7/9-(13)
Eu preciso aprender a só ser
      G Bb9/13
Sabe gente,
      Eb7M   D7   Eb/F G7M/9
É tanta coisa que eu preciso saber.

Serenata da chuva

Samba-canção

Ewaldo Gouveia e
Jair Amorim

TOM - SOL MENOR - Gm D7 Gm
INTRODUÇÃO: Gm7 Cm F7 Bb7M/5+ Gm/Bb A7/9- D7

```
Gm              D7
Só ... lá fora a chuva que cai
Fm/Ab  G7         Cm
Só ...      eu pego o meu violão
F7sus4 F7         Bb7M
Ai,       tanjo o bordão
                Eb7M
E esta canção
              Am7/5-  D7
Tão triste sai ...
Gm              D7
Sou um seresteiro a sonhar
Fm/Ab  G7         Cm
Ai,       sem ter ninguém, sem luar
Am7/5-            D7/A
Canto ... e a chuva fria cai
Gm/Bb       A7/11+
Canto nesta noite assim
Ab        D7          Gm
Chove solidão dentro de mim

G7M      F#dim     Em        E7/9-
Onde andará, neste momento, o meu amor?
Am       G#dim     Am7             D7
Em que pensará, longe de mim, sem meu calor?
Cm7           D/C
Tão sozinho agora estou ...
Gm/Bb            A7/11+
Chove ... e a chuva não tem fim ...
Ab          D7        Gm  Cm/Eb  D7
Chove esta saudade sobre mim.
```

Lindo balão azul

Guilherme Arantes

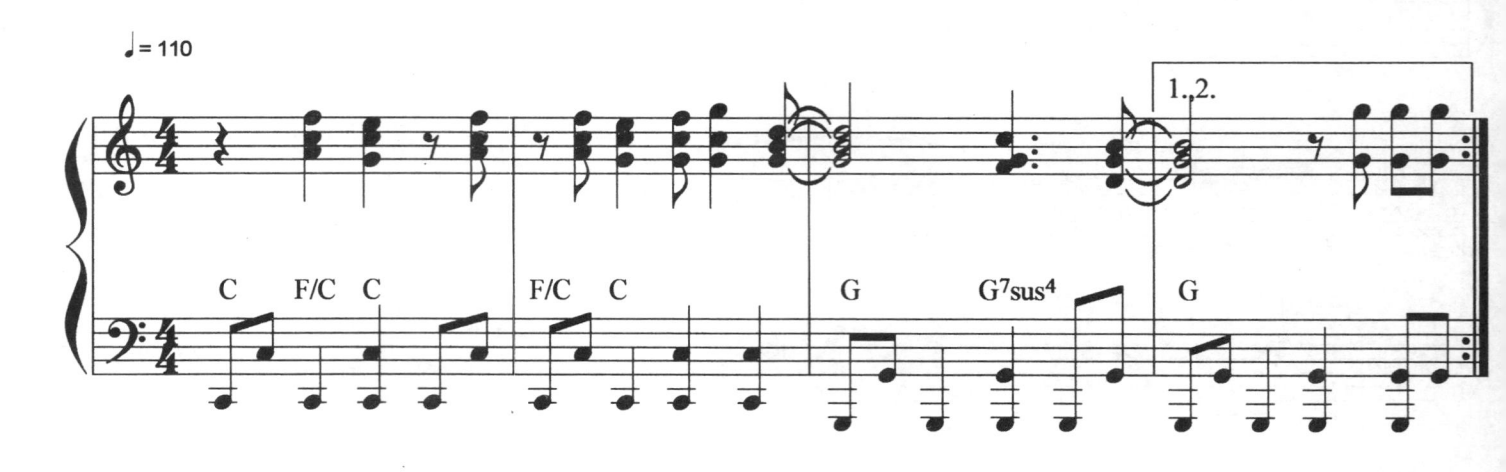

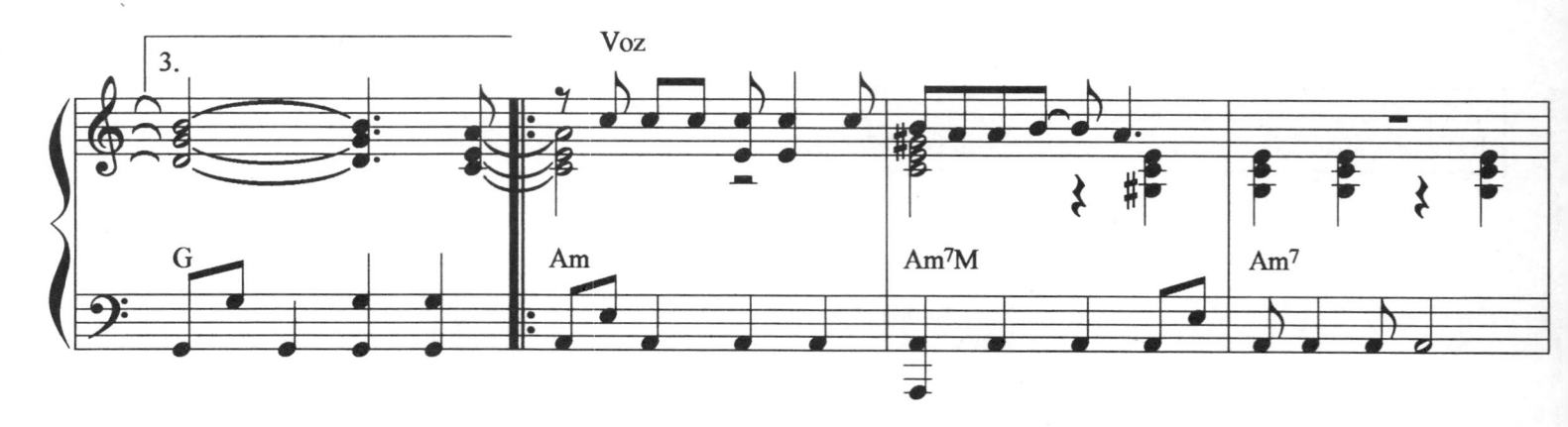

Em
Dm
1.
F7
Dm7/E
Dm6/E
E7
2.
F/G
G7sus4
G
C
F/C
G
Em7
Am
Bm7(5-)
Am/C
Dm7
Gsus4
C
F/C
G
Em7

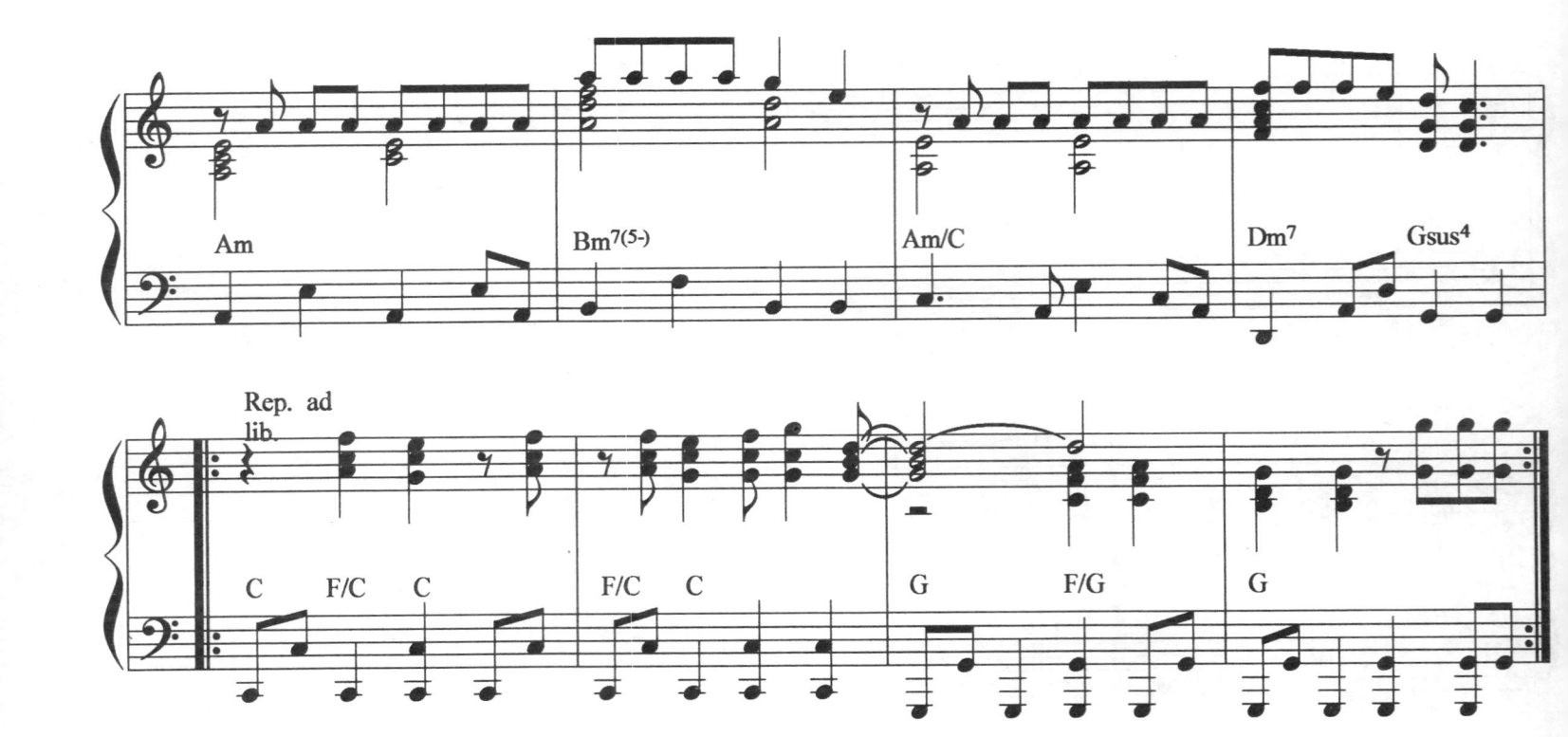

TOM - LÁ MENOR - Am E7 Am
INTRODUÇÃO: C F/C C F/C C G G7sus4 G

Am
Eu vivo sempre
     Am7M   Am7 Am6
No mundo da lua
    F
Porque sou um cientista
      F7/9
O meu papo é futurista
    E7sus4 E7 Am
É lunático
    Am
Eu vivo sempre
    C   Em
No mundo da lua
    Dm
Tenho alma de artista
    F7
Sou um gênio
        Dm7/E Dm6E E7 Am
Sonhador e romântico

Eu vivo sempre
    Am7M   Am7 Am6
No mundo da lua
    F
Porque sou aventureiro
      F7/9
Desde o meu primeiro passo
    E7sus4 E7 Am
Pro infinito

Eu vivo sempre
    C   Em
No mundo da lua
    Dm
Porque sou inteligente
    F/G
Se você quer vir com a gente
G7sus4   G C
Venha que será um barato

          F/C
Pegar carona nessa cauda de cometa
G
Ver a Via Lactea
    Em7   Em Am
Estrada tão bonita

Brincar de esconde esconde
Bis Bm7(5-)   Am/C
Numa nebulosa

Voltar pra casa
    Dm7
Em nosso lindo
    Gsus4
Balão azul.

Jou-jou e balangandans

Marcha-cançoneta

Lamartine Babo

1.
C
C7
Fm
F7
B♭7
2.
B♭7
E♭
Gm7(5-)
C/G
C
Fm
A♭m6
E♭/B♭
Fm7
B♭7
E♭
B♭7
E♭
C7
Fm
A♭m6
E♭/B♭
G7
A♭
Edim

```
TOM - MÍ BEMOL MAIOR - Eb  Bb7  Eb
INTRODUÇÃO : Eb  Eb7  Ab  F  F7  Bb  F#dim  Eb/G
C7/E  Bb7/F  Bb7/D  Ebdim  Eb  Cm  D  F#dim  Gm
Fm  Abm6  Eb/Bb  F#dim  Eb/G  Bb7/F  Eb  Ab  Bb
```

        Eb6   Fm6   Bb7
ele - Jou-jou,   jou-jou
        Eb   Eb/G Bb7/F Bb7
ela - O que é, meu balagandans?
        C   C7
ele - Aqui estou eu...
        Fm
ela - Aí... estás tu...
        F7
ele - Minha Jou-jou
        Bb7
ela - Meu balangandans...
        Eb
ele - Nós dois
        Fm6 Bb7
ela - Depois?
        Eb   Eb/G   Bb7/F Bb7

ele - O sol do amor. Que manhãs!...
        Eb Gm7(5-) C/G C
ela - De braços   dados...
        Fm Abm6
ele - Dois namorados
        Eb/Bb
ela - Já sei!...
        Fm7
ele - Jou-jou!...
        Bb7 Eb
ela - Balangandans!...

        Bb7
ele - Seja em Paris...
        Eb
ela - Ou nos Brasis...
        C7
ele - Mesmo distantes
        Fm
ela - Somos constantes
        Abm6
ele - Tudo nos une...
        Eb/Bb G7 Ab
ela - Que coisa   rara!...
        Edim Fm   Bb7 Eb
ele e ela - No amor, nada nos separa.

Iluminados

Ivan Lins e
Vitcor Martins

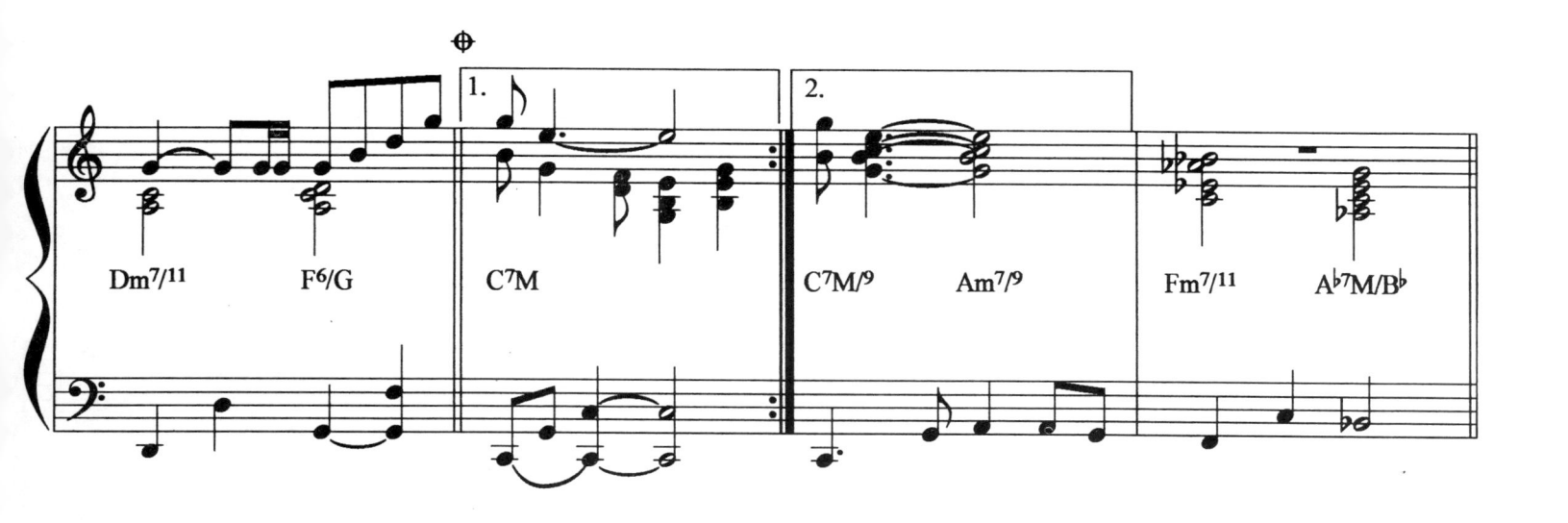

TOM - DÓ MAIOR - C G7 C
INTRODUÇÃO: C7M/9 Fm7/11 G7sus4
Fm7/11 G7sus4 Caad9

      Am7/9   Fm7/9 G7sus4   C7M/9
O amor tem feito coisas
         Am7/9   Fm7/9 G7sus4   C7M/9
Que até mesmo Deus duvida
     Am7/9   Dm7 F/G G/F Em7/9(11)
Já curou desenganados
   Fm7/11   Dm7 G7sus4 C(add9)
Ja fechou tanta ferida
    Am7/9   Fm7/9 G7sus4   C7M/9
O amor junta os pedaços
       Am7/9   Fm7/9 G7sus4   C7M/9
Quando o coração se quebra
     Am7/9   Dm7 F/G G/F Em7/9(11)
Mesmo que seja de aço
    Fm7/9(11) Dm7 G7sus4 Gm7/9
Mesmo que seja de pe__dra
   C7   F7M   Dm7 Fm7/9
Fica tão cicatrizado
       Bb7/9   Eb7M/9 Cm7 Ebm7
Que ninguém diz que é colado
    Ab7/9   Db(add9)
Foi assim que fez em mim
          Dm7/11
Foi assim que fez em nós
   F6/G   C7M
Esse amor iluminado.

Homenagem a velha guarda
Choro

Sivuca e
Paulo Cesar Pinheiro

A♭7
D♭
B♭m7
E♭7
A♭
Fm
Fm7
B♭m7
D♭7/9
Gm7
C7
1.
F
A♭dim
Gm7
C7
2.
F
B♭
Em7(5-)
A7
Dm
Gm6
Dm
Dm/C
Gm/B♭
Gm7
C7
B♭
A7
Am7(5-)
D7
Gm
Em7(5-)
A7
Dm/F
Dm
1.
E7
A7
Dm
Em7(5-)
A7
2.
E7
A7

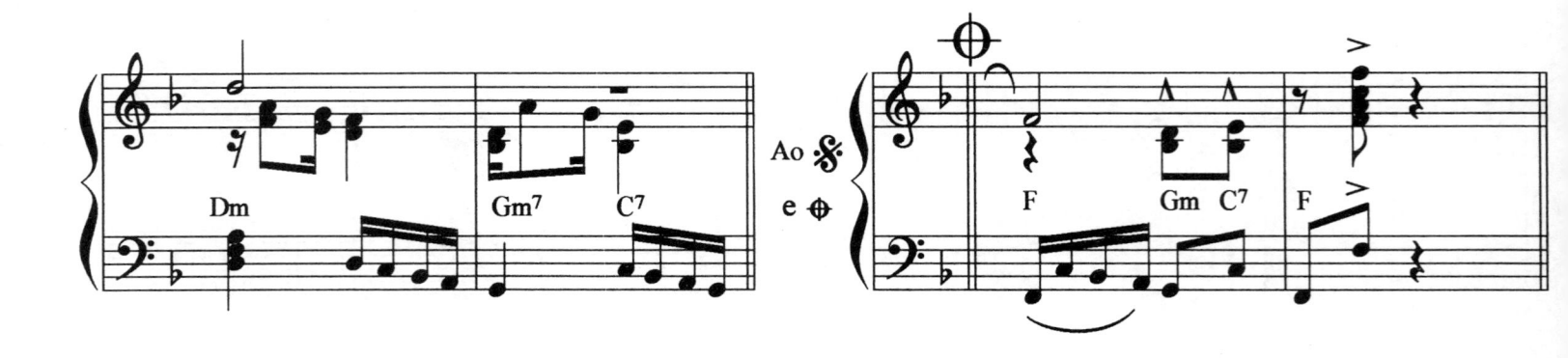

TOM - FÁ MAIOR - F C7 F
INTRODUÇÃO : D7 Gm Em7(5-) A7
Dm Dm/C E7 A7 Dm Gm7 C7

    F   F5+   Gm7 C7/9
Um chorinho me traz
          C7   F
Muitas recordações
Bbm7 Eb7/9 Ab7M   Ab5+ Bbm7 Eb7
Quando os   sons dos regionais
               Ab7M Ab7
Invadia os salões
   Db Bbm7 Eb7
E era
              Ab   Fm
Sempre um clima de festas
      Fm7 Bbm7 Db7/9
Se fazia serestas
          Gm7 C7
Parando nos portões
              F
Quando havia os balcões
   Abdim Gm7 C7
Sob a luz da lua
   C7   C7/9 C7
E a chama
    F   F5+   Gm7
Dos lampiões de gás
        F
Clariando os serões
Bbm7 Eb9 Ab7M   Ab5+ Bbm7 Eb7
Sem _pre com gentis casais
          Ab7M Ab7
Como os anfitriões
   Db Bbm7 Eb7
E era
            AB Fm7
Uma gente tão honesta
   Bbm7 Db7/9
Em casinhas modestas
        Gm7 C7
Com seus caramanchões
         F Bb Em7(5-) A7
Reunindo os chorões

Dm Gm6 Dm   Dm/C   Gm/Bb Gm7
Era   uma flauta de prata
      C7   Bb   A7 Am7(5-) D7
A chorar serenatas, modinhas, canções
                 D7 Gm
Pandeiro, um cavaquinho e dois violões
        Em7(5-)
Um bandolim bonito
     A7   Dm/F
E um violão de sete cordas
   Dm   E7 A7   Dm Em7(5-) A7
Fazendo desenhos nos bordões
Dm Gm6 Dm   Dm/C Gm/Bb Gm7
Um   clarinete suave
         C7
E um trombone no grave
     Bb   A7 Am7(5-) D7
À arrastar corações
               D7 Gm
Piano era o do tempo do odeon
             Em7(5-) A7
De vez em quando um sax-tenor
    Dm/F
E a abertura
  Dm   E7 A7   Dm Gm7 C7
Do fole imortal do acordeon
 F5+   Gm7 C7/9
Mas ja são pra nós
       F
Meras evocações
Bbm7 Eb7/9 Ab7M Ab5+   Bbm7 Eb7
Tu __do   já   ficou pra trás
          Ab7M Ab7
Passou nos carrilhões
  Db Bbm7 Eb7   Ab Fm
Quase   ninguém se manifesta
    Fm7   Bbm7 Db7/9
Pouca coisa hoje resta
          Gm7 C7
Lembrando os tempos bons
     F   Gm C7 F
Dessas reuniões.

Ideologia

Frejat e Cazuza

E7sus4
Gsus4
C7M/9
E7sus4
G6
D9/omit3
Am
cresc
G
D9/omit3
Am
G(add9)
D7/omit3
f
F7M
Dm7
Am
Am(add9)
F7M
Dm7
1.
Am7
Am6/D

Am7
Am6/D
Am(add9)
Am/D
3
Am
Am6/D
A9/omit3
D9/omit3
Am
Am6/D
Dm7
Dm6
Dm7
Dm6
Am
Am/D
Am
Am6/D
2.
p
Am7
Am6/D
Am7
Ao 𝄋 e ⊕
D9
⊕
f
F7M
Dm7
Am(add9)
f

TOM - LÁ MENOR - Am E7 Am
INTRODUÇÃO: Am7 D7 Am7 Am6/D

```
Am              D7omit3
Meu partido
                Am7/9   D9
É um coração partido
         G/A  Am/D           Am9  Am6/I
E as ilusões     estão todas perdidas
              Dm7   Dm6
Os meus sonhos
              Dm7   Dm6
Foram todos vendidos
                  Am/add9
Tão barato que eu nem acredito
Am//D         Am   Am6/D
Ah! eu nem acredito
         E7sus4
Que aquele garoto
         Gsus4       C7M/9
Que ia mudar o mundo

Mudar o mundo
     E7sus4         G6
Frequenta agora as festas
         D9/omit3              Am
Do Grand Monde, do Grand Monde
              G           D9/omit3
Meus herois morreram de overdose
Am         Gadd9       D7/omit3
Meus inimigos     estão no poder
         F7M
Ideologia...
     Dm7             Am  Am(add9)
Eu quero uma pra viver
         F7M
Ideologia...
     Dm7            {Am7  Am6/D
Eu quero uma pra viver  {Am7  Am6/D
```

```
       Am(add9)  Am/D
O meu prazer
                Am     Am6/D
Agora é risco de vida
           Am9/omit3   D9/omit3
Meu "sex and drugs"
                       Am   Am6/D
Não tem nenhum "rock n' roll"
         Dm7   Dm6         Dm7  Dm6
Eu vou pagar    a conta do analista

Pra nunca mais
         Am              Am/D
Ter que saber quem eu sou
                   Am  Am6/D
Saber quem eu sou
         E7sus4
Pois aquele garoto
         Gsus4       C7M/9
Que ia mudar o mundo

Mudar o mundo
   E7sus4      G6         D9/omit3  Am
Agora assiste tudo en cima do muro

Em cima do muro
              G           D9/omit3
Meus herois morreram de overdose
Am         Gadd9         D7omit3
Meus inimigos     estão no poder
         F7M
Ideologia...
     Dm7             Am  Am(add9)
Eu quero uma pra viver
         F7M
Ideologia...
     Dm7            {Am7  Am6/D
Eu quero uma pra viver {Am7  Am6/D
         Pois aquele garoto...
```

Foi assim
Canção

Paulo André e
Ruy Barata

Dm7/11 Dm7 A7(5+) Dm7 Dm Em7/9 F7M
Em7 Dm7 F7 Dm6/E E7
Ao 𝄋
e ⊕
Am7 F#m5- F7 Em7/9 E♭7
Cm7 E♭/F B♭7M
Dm7 F/G G7 C7M C/B Am Am/G
Dm/F F7
1.
Bm7(5-) E7 A7(5+)

TOM - LÁ MENOR - Am E7 Am
INTRODUÇÃO: A7 Dm7 G7 C7M Am7 F7 Esus4 E7(9-) Gm/Bb
A7 G/A A7 Dm7 G7 C7M Am7 Dm7 Bm7(5-) E7(9-)

Am7
Foi assim
              Dm7
Como um resto de sol no mar
                F7
Como a beira de preamar
            Esus4 E7
Nós chegamos ao fim
Am7
Foi assim
              Dm7
Quando a flor ao luar se deu
                F7
Quando o mundo era quase meu
           Esus4 E7
Tu te fostes de mim
Am7   Am7/9(4) Am7
Volta, meu bem,   murmurei
          Am7(9) Dm7 A7(5+)
Volta, meu bem, repeti
Dm7   Dm Em9
Não há canção
        F7M Em7
Nos teus olhos
Dm7   F7
Nem amanhã
      Dm6/E
Nesse adeus
Am7
Foi assim...

Am7   F#m7(5-) F7
Hora, dias, meses,
     Em7 Eb7
Se passando
Cm7   Eb/F
E nesse passar
      Bb7M
Uma ilusão guardei
Dm7   F/G
Ver-te novamente
G7 C7M
Na varanda
C/B Am7 Am/G Dm/F
A voz sumida e quase em pranto
      F7
A me dizer
      Bm7(5-) E7 A7(5+)
Meu bem, voltei
Dm7   F/G G7   C7M
Vi no seu olhar   envenenado
C/B   Am Am/G Dm/F
O mesmo olhar do meu passado
     F7
E soube então
     Dm6/E E7 A7(5+)
Que te perdi.

Fim de noite

Samba-canção

Chico Feitosa e
Ronaldo Bôscoli

TOM - DÓ MAIOR - C G7 C
INTRODUÇÃO: C7M/9 Am7
Fm7/9 Dm7(5-) C7M/G Bbdim

          Dm7/A F/G
É fim de noite
        G7/9   B/C C7M
Nossa estrela foi-se embo___ra
       Am7   Dm7 C/D
Seu olhar me diz agora
              D7   F/G G/A
Que eu vá embora também
      Bbdim Dm7/A F/G
Num fim de noite
        G7/9   B/C C7M
Nossas mãos se separa____ram
       Am7   Dm7 G7/13
Nossos rumos se trocaram
      G7   Bb/C C7/9
Nunca mais eu vi você
   C7(9-) F7M/9 F6/9 Fm7 Dm7(5-) C7M/G C7M
E cada dia, toda noi___te eu sofri
       Am7   Dm7 F/G
Numa estrela da manhã
  G7/9-   C6/9
Eu me perdi.

(G/A Bbdim)

Lamento no morro
Samba

Antonio Carlos Jobim e
Vinícius de Moraes

TOM - RÉ MENOR - Dm A7 Dm
INTRODUÇÃO: Dm7 G7/9 Dm7 G7

Dm   Gm7 C7   F7M
Não !... Pos__so esquecer
F7/9   Bb7M   E7
O teu olhar
A7   Dm   G7/9
Longe dos olhos meus.
Dm   Gm7 C7   F7M
Ai ! O   meu viver
F7/9   Bb7M
É te esperar
A7   Dm   G7/9
Pra te dizer adeus.

   Gm7 A7   Dm   Dm7
Mulher   amada
   Gm7 C7(5+) F7M
Desti___no   meu

  E7   A7   Dm   Dm/C
É ma____drugada
   Bm7(5-)   Bb7
Sereno dos meus olhos
         A7sus4 A7
Já correu...

         (voltar e terminar)
       F7   Bb7M   A7
       Pra te dizer adeus,
               Dm   F7
       Pra te dizer adeus,
Bis   Bb7M   A7
       Pra te dizer adeus...
               Dm
       Pra te dizer adeus.

Feia
Valsa

Jacob do Bandolim

D
E7
A7
D
FIM
Bm
C#m7(5-)
F#7
Bm
G7
Cm7(5-)
F#7
Bm
C#7(9-)
Fm
G#dim
A7
G7
F#m
A7
D
D#dim
A7/E
A7
D
D#dim
A7/E
A7
D
C#7(5-)
Bm
C
Bm
F#7
Bm

Bm
Am7
G#dim
D7/A
D7
G
A#dim
Gdim
Am7
G#dim
Am
D7
G
F7
E7
G#dim
A7
D7
D9
G
C#dim
3
G/D
E7
Am7
D7
G#7
1.
G
C6/9
Bm7(5-)
E7
2.
G6/9
G#7
A7
Do
ao Fim

Faz parte do meu show

Bossa-nova

Cazuza e
Renato Ladeira

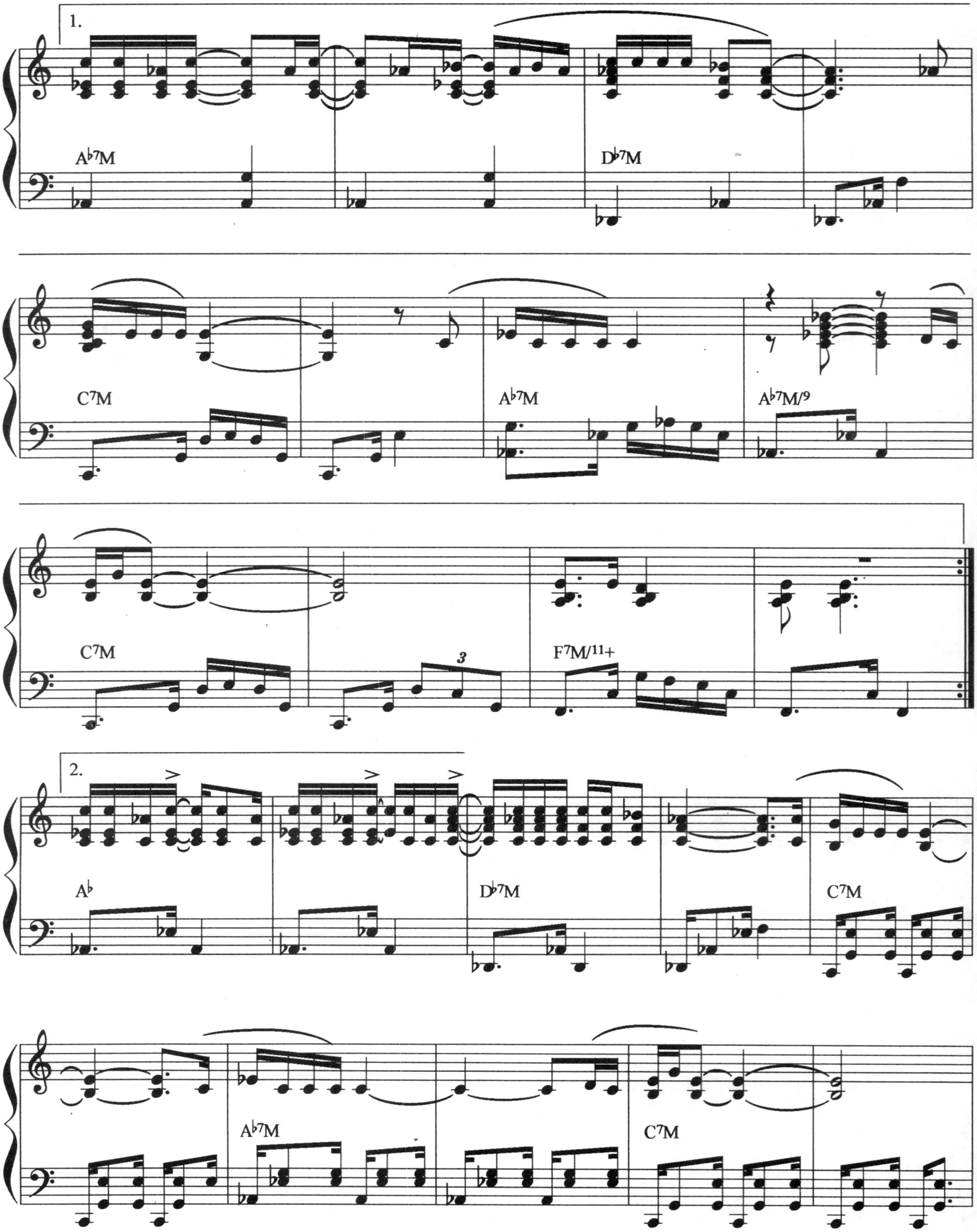
1.
A♭7M
D♭7M
C7M
A♭7M
A♭7M/9
C7M
3
F7M/11+
2.
A♭
D♭7M
C7M
A♭7M
C7M

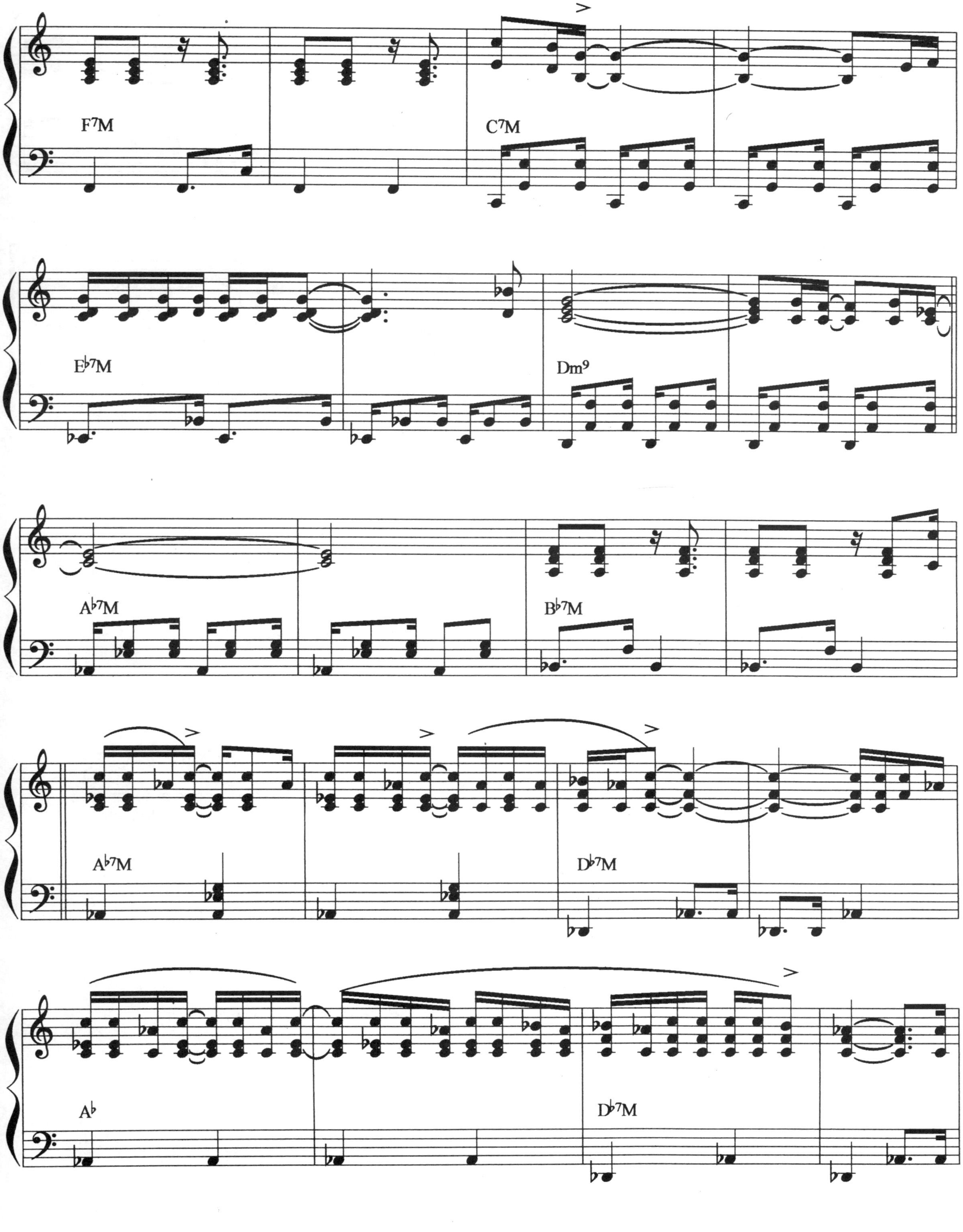
F7M
C7M
E♭7M
Dm9
A♭7M
B♭7M
A♭7M
D♭7M
A♭
D♭7M

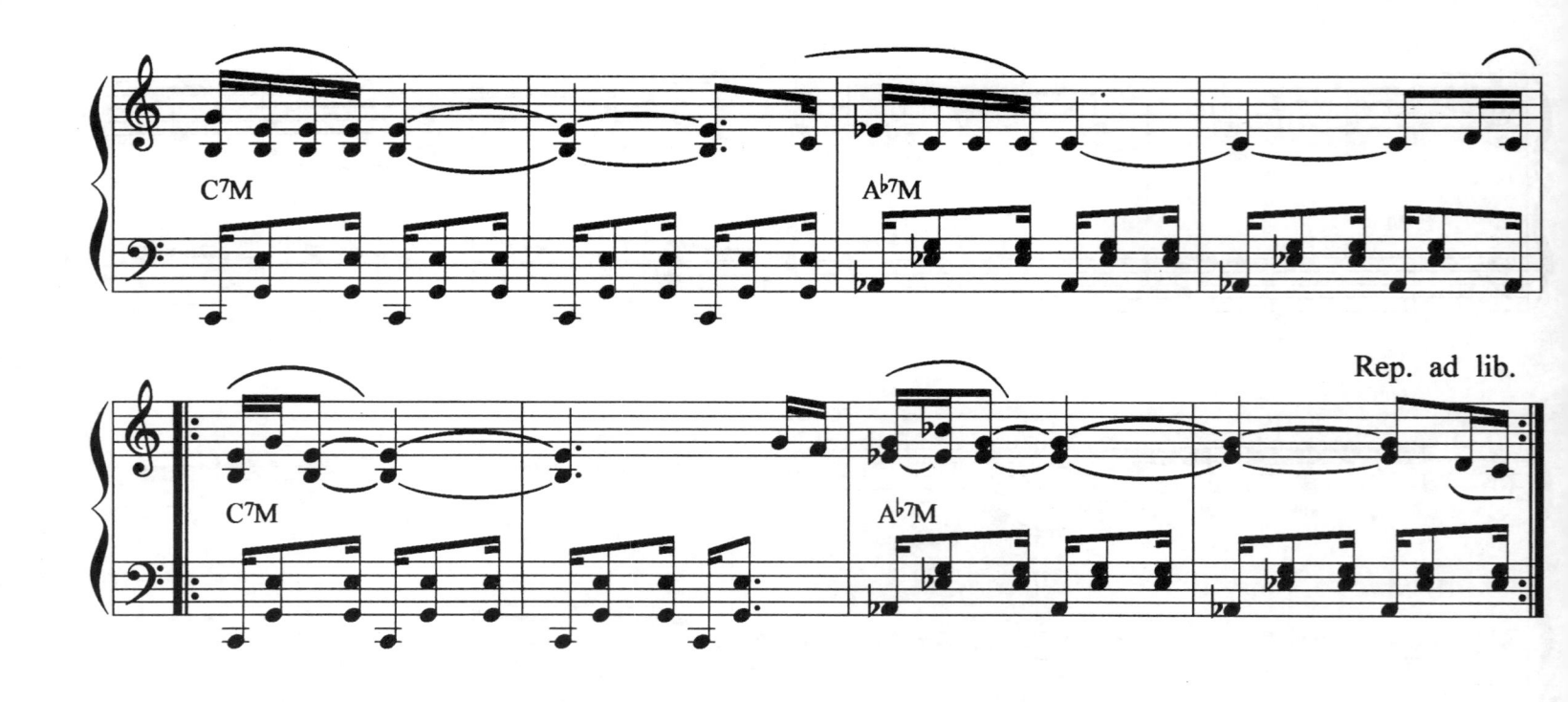

TOM - DÓ MAIOR - C G7 C
INTRODUÇÃO: C7M F7M/9

C7M
Te pego na escola

E encho a tua bola
    Bb7M
Com todo o meu amor
  C7M
Te levo pra festa

E testo teu sexo
    Bb7M
Com ar de professor
    Ab/Eb
Faço promessas malucas
                  Db7M
Tão curtas quanto um sonho bom
          Ab7M
Se eu te escondo a verdade, baby
          Db7M
É pra te proteger da solidão
     C7M
    Faz parte do meu show
      Ab7M   C7M F7M/11+
    Faz parte do meu show, meu amor
    C7M
Confundo as tuas coxas

Com as de outras moças
    Bb7M
Te mostro toda a dor
    C7M
Te faço um filho
                  Bb7M
Te dou outra vida pra te mostrar quem sou

           Ab/Eb
Vago na lua deserta
     Ab   Db7M
Das pedras do Arpoador
     Ab
Digo alô ao inimigo

Encontro um abrigo
     Db7M
No peito do meu traidor
         C7M
   Faz parte do meu show
     Ab7M   C7M
   Faz parte do meu show, meu amor...
                               Solos etc.
  AB7M
Invento desculpas

Provoco uma briga
    Db7M
Digo que não estou
    Ab
Vivo num "Clip" sem nexo

Um Pierrot - retrocesso
    Db7M
Meio Bossa-nova e Rock 'n roll
     C7M
   Faz parte do meu show
    Ab7M   C7M
   Faz parte do meu show, meu amor...
   Ab7M   C7M   Ab7M
Meu amor, meu amor, meu amor...

Face a face
Bossa-choro

Suely Costa e
Cacaso

G7
C7M
E7
Am
A7
Dm7
Dm/C
B7
B7
D/E
E7
Am7
A7
A/C#
Dm7
Dm7/G
G7
C7M
Bm7(5-)
E7/B
Am
Am7

TOM- LÁ MENOR
Am   E7   Am

E7   Am7
 São as trapaças da sorte
A7   A7/5+   Dm7
 São as graças da paixão
Dm   E/G#
 Pra se combinar comigo
          E7   Am7 Bm7/11
 Tem que ter opinião
E7/B   Am7
 São as desgraças da sorte
A7   A7/5+   Dm7
 São as traças da paixão
Dm   E/G#
 Quem quiser falar comigo
          E7   Am7
 Tem que ter bom coração

Bm7/11   E7/B   Am7/C
 Morena, quando repenso
A7   Dm7
 No nosso sonho fagueiro
Gm/Bb   A7   Dm7
 O céu estava tão denso
G7   C7M
 Inverso tão passageiro

E7   Am
 Uma certeza me nasce
A7   Dm7
 E abole todo o meu zelo
Dm/C   B7
 Quando me vi face a face
           D/E
 Fitava o meu pesadelo
E7   Em7/9
 Estava cego o apelo
A7   A7/C#   Dm7
 Estava solto o impasse
   Dm7/G
 Sofrendo nosso desvelo
G7   C7M
 Perdendo no desenlace
   Bm7(5-) E7/B   Am7
 No rolo   feito um novelo
Gm9   Am7
 Até o fim do degelo
Dm7   Am/C Am7
 Até que a morte me abrace
Bm7/11   E7/B   Am7
 São as trapaças da sorte etc.

Bm7/11   E7/B   Am/C Am7
 Morena, quando relembre
A7   Dm7
 Aquele céu escarlate
Gm/Bb   A7   Dm7
 Mal começava dezembro
          G7   C7M
 Já ia longe o combate
E7   Am
 Uma lambada me bole
A7   Dm7
 Uma certeza me abate
Dm/C   B7
 A dor querendo que eu morra
B7   D/E
 O amor querendo que eu mate
E7   Em7/9
 Estava solta a cachorra
A7   A7/C#   Dm7
 Que mete o dente e não late
Dm7   Dm7/G
 No meio daquela zorra
G7   C7M
 Perdendo no desempate
   Bm7/5- E7/B   Am Am7
 Girando feito piorra
Gm9   E7   Am7
 Até que a magia escorra
Dm7   F7M Am7
 Até que a raiva desate.

Coração leviano

Samba

Paulinho da Viola

1.
2.
Gm
C7
F
D7
F
Am7
Gm7
C7
F
F6
Gm7
G7
A♭7
A7
B♭7
A7
Dm
C7
F
Dm
G7
Gm
C7
Gm7
C7
F
B♭7
E♭7(9)

TOM - FÁ MAIOR - F C7 F
INTRODUÇÃO: F6

```
F            Abdim    F/A  Gm7  C7
Trama em segredo teus planos
F/A       D7      Gm  Eb7  D7
Parte sem dizer adeus
Gm        Gm7          Bbm6  C7
Nem lembra dos meus desenga___nos
G7        Gm       C7
Fere quem tudo perdeu

       Gm7      Abdim     F/A
    - Ah! coração     leviano
Bis       D7       Gm   C7  F   D7
    - Não sabe o que fez  do meu
                     F  Am7  Gm7
C7         F
Este pobre navegante
F6          Gm7  G7  Ab7  A7  Bb7
Meu coração amante
       Bb7          A7
Enfrentou a tempestade
```

```
Dm            C7           F
No mar da paixão e da loucura
Dm                  G7
Fruto da minha aventura
                         Gm  C7
Em busca da felicida__de
Gm7     C7        F   Bb7
Ah! coração teu engano
         Eb7/9        D7
Foi esperar por um bem
       Gm9   Bbm6   F
De um coração leviano
D7          G7 C7    F(add9)
(Que nunca será  de ninguém)
          C7
Mas trama...
```

Choros nº 1
Típico

Heitor Villa-Lobos

a tempo
allarg.
rall.
poco rall.
FIM
B♭dim
C/B♭
Em/B
F♯7
B7
Em
G7
C7
E7
A7sus4
A/G
F7M(11+)
D7/F♯
C/G
1.
D7/F♯
G/F
C/E
B/D♯
D7
D/C
B♭
f
F/C
A♭
C/G
A7
Dm7
G6
F6/B
Em7
rit.
2.
D7/F♯
G/F
C
G6
C
Ao 𝄋 e

Tranqüilo
E
B♭dim
B7/A
poco rall.
E6
F♯m/E
E5+
f
a tempo
poco accel.
G♯m
C♯m
F♯
B7
a tempo
mf
E
B♭dim
B/A
poco rall.
E6
F♯m/E
E5+
a tempo
A
Cdim
E/B
C♯7
cresc
F♯7
B7
1.
7
mosso
E
2.
rall.
E
Do 𝄋 ao Fim

Brigas nunca mais
Bossa-nova

Antonio Carlos Jobim e
Vinicius de Moraes

TOM - FA MAIOR - F C7 F
INTRODUÇÃO: F7M Bb7/9(11+) F7M Bb7/9(11+) F7M C7(9-)13

```
   F7M    E7      Eb7M
Chorou, sorriu, venceu
              D7       Gm7  D7/9-
Depois chorou então fui eu
          Gm7        C7
Quem consolou sua tristeza
          F7M          Abdim
Na certeza de que só o amor
              Gm7    Em7/5-  A7(5+)
Tem destas fases más
          Dm7      G7/13 Gm7
E é bom para fazer as pazes
C7(9-) F7M   E7
Mas depois fui eu
         Eb7M     D7
Quem dela precisou
```

```
               Gm7  D7(9-)         Gm7
E ela então        me socorreu
                 C7/9
E o nosso amor
                 F7M      F7/5+
Mostrou que veio pra ficar
                 Bb7M
Mais uma vez
              Bbm6
Por toda vida
F7M/C  Bb/C   F7M/C   Bbm6
Bom é  mesmo amar em  paz
Am7 D7/9-  G7/5+ C7/9  F(add9) C7/13(9-)
Bri__gas    nun__ca    mais.
                        Bb7M Am7 Gm7 F7M
```

213

Bom dia, tristeza

Canção

Adoniran Barbosa e
Vinicius de Moraes

TOM - Ré MENOR
Dm A7 Dm

A7/5+   Dm
  Bom dia tristeza
Gm6/Bb A7/5+   Dm Gm/Bb A7
  Que   tarde tristeza
    Dm   Bb7M   G/A A7
  Você veio hoje me ver
       Gm/Bb   A7
  Já estava ficando
      Gm/Bb   A7
  Até meio triste
        Em7/5- A7
  De estar tanto tempo
       Dm
  Longe de você

  D7   Gm C7
  Se chegue tristeza
        F7M
  Se sente comigo
    Fm7   Bb7   A7
  Aqui nesta mesa de bar
D7/9-   Gm7 C7(9-)
  Beba do meu copo
        F   Bb7M
  Me dê o seu ombro
      Bm7/4 E7   A
  Que é   para eu chorar
        Bb7
  Chorar de tristeza
G/A A7   Dm A7
  Tristeza de amar.
      Bb7M Am7 Gm7 Eb7M Dm(add9)

Boas festas

Marchinha

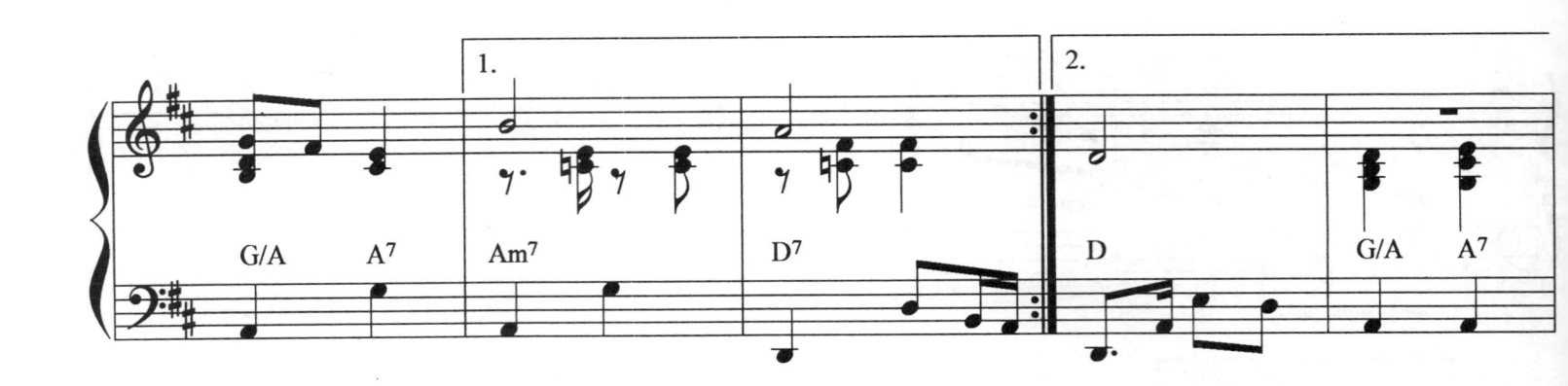

Assis Valente

♩ = 112

D/E
E7
Em7
G/A
D
1.
2.
G/A
D
Em7(9)
A7(5+)
D
G7M/A
D7M/9
Em7
F#m7
Fdim
Em7
B7/C
B7
Em7
A/C#
G6/B
1.
A7
D7M/A
Em7/A
D7M
G7M/A
2.
A7

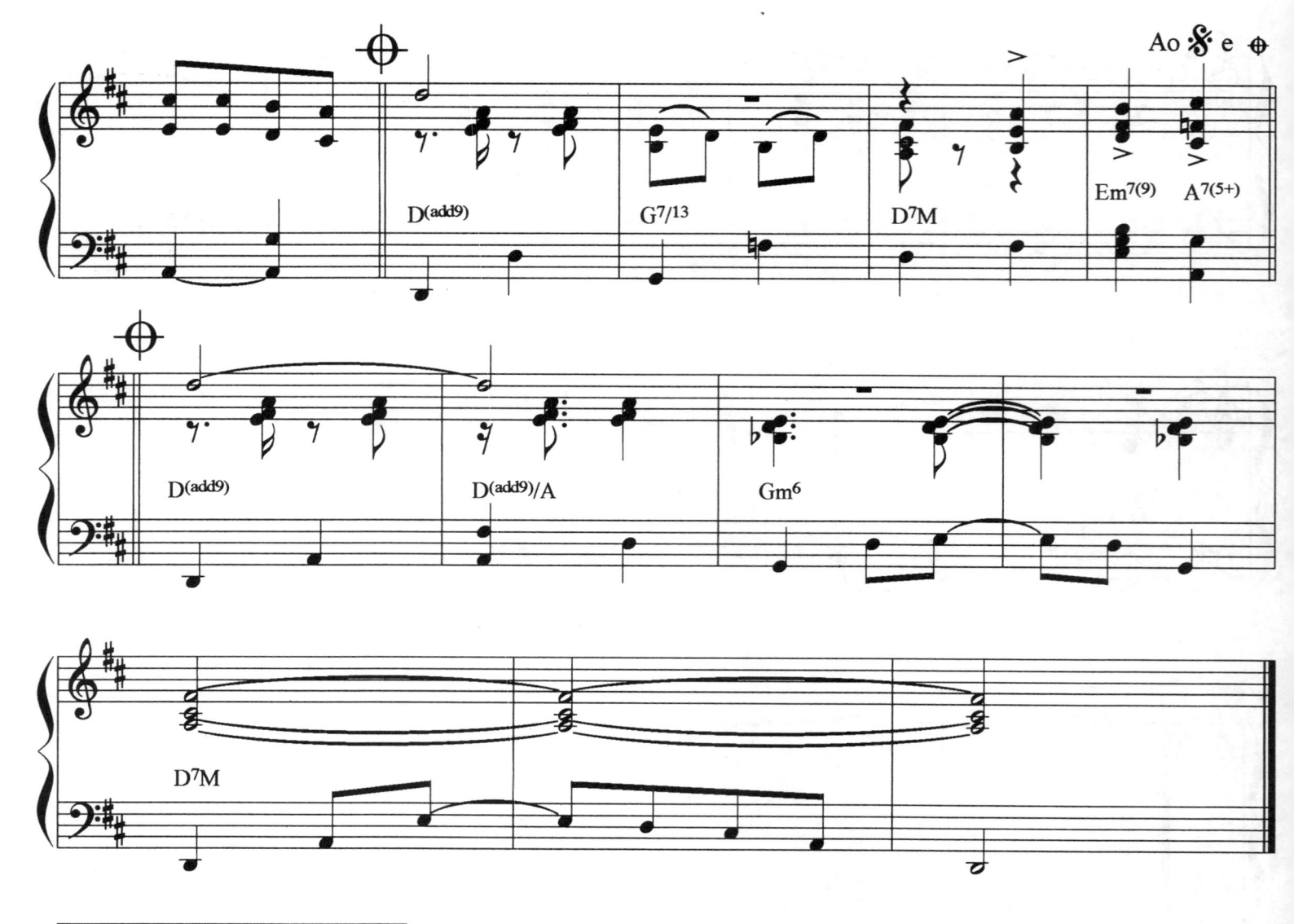

```
TOM - RÉ MAIOR - D A7 D
INTRODUÇÃO: G A/G D/F#
Bm7 E7 G/A A7 Am7 D7
```

    Em7(9) A7/5+ D(add9)/A G7
Anoi___te_____ceu
    G7/9 F#m7 F#m7(5-)
O sino gemeu
    B7   D/E E7 Em7
A gente ficou
    G/A   D G/A D
Feliz a rezar
    Em7(9) A7(5+) D(add9)/A G7
Papai   No___el
    G7/9 F#m7 F#m7(5-)
Vê se você tem
    B7   D/E E7 Em7
A felicidade
     G/A   D G/A D
Pra você me dar

    G7M/A   D7M/9
Eu pensei que todo mundo
    Em7   F#m7 Fdim Em7
Fosse filho de Papai No__el
    A/C#
Bem assim felicidade
    G/B   A7
Eu pensei que fosse uma
        D7M/A Em7/A D7M
Brincadeira de papel
    G7M/A   D7M/9
Já faz tempo que pedi
    Em7   F#m7 Fdim Em7 B7 Em7
Mas o meu Papai Noel   não vem
    A/C#
Com certeza já morreu
    G/B   A7
Ou então felicidade
        Dadd9 G7/13 D7M
É brinquedo que não tem.
        D(add9 D(add9/A Gm6 D7M

Pelo amor de Deus
Samba

Paulo Debetio e
Paulinho Rezende

© Copyright 1982 by UNIVERSAL MUSIC PUBLISHING LTDA.
Todos os direitos autorais reservados para todos os países. *All rights reserved.*

2.
B7(5+) B7/F♯ E7/9 B♭7 A7 A7/13
D6/9 B7(5+) B7/9 Em7 A7
D6/9 C♯m7(5-) F♯7 B7
Em7 A♭dim D7M/A B7
1.
Em7 A7/13 F♯m7(5-) B7

TOM - RÉ MAIOR - D A7 D
INTRODUÇÃO: D6 F#m7 F7 Em7/9(11)

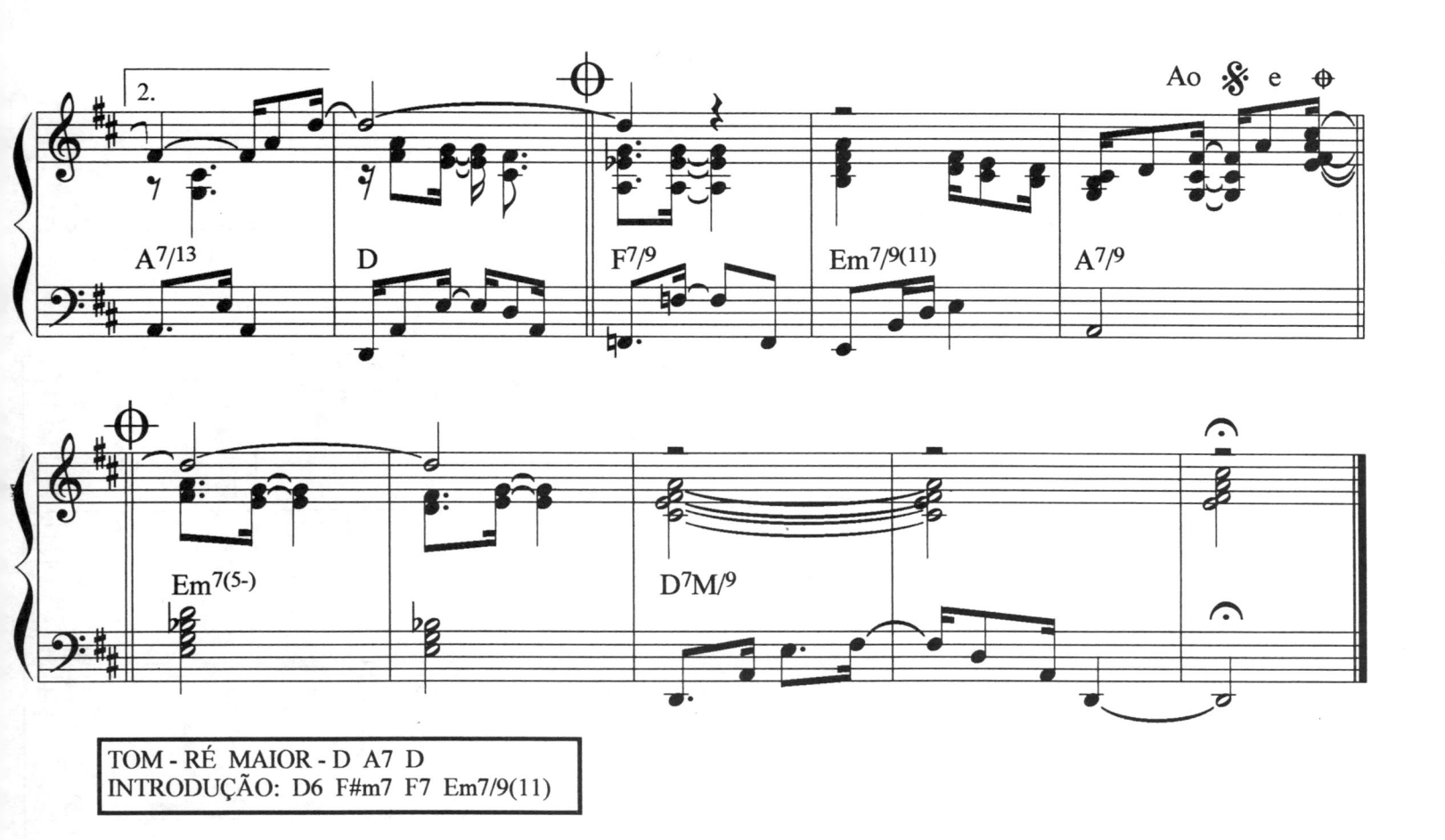

```
    A7/9            D7M/9
Pelo amor de Deus
      D6/9        B7   E7/13 E7/13-
Clareia minha solidão
    Em7/9          Em7   G/A A7/9
Acende a luz do teu perdão
    Em7/9    A7/13   D7M C7/9(13) B7(5+) B7/F# E7/9
Bb7
Apaga esse adeus do olhar
   A7            D7M/9
Faz dos medos meus
      D6/9        B7    E7/13 E7/13-
Receios sem nenhum valor
    Em7/9         Em7   G/A A7/9
Desperta nosso imenso amor
       Em7/9    A7/13  D6/9 B7(5+) B7/9
Não custa nada perdo__ar


Em7             A7
Você virou tatuagem
                D6/9
No meu pensamento e no meu coração
C#m7(5-)           F#7
Feito uma estranha miragem
               B7
A beira dos olhos e longe das mãos

         Em7       Abdim   D7M/A          B7
     - Perdoa meu amor   nobreza maior que o perdão
Bis
         Em7        A7/13  F#m7(5-) B7
     - Não há no reino da paixão
```

Baião caçula
Baião

Mário Gennari Filho e
Felipe Tedesco

TOM - LÁb MAIOR - Ab Eb7 Ab
INTRODUÇÃO: Ab Eb7 Ab Eb7 Ab

       Ab   Ab6
Eu já toquei, eu já cantei
          Eb7
O lindo "Maringá"

E o "taí" foi um baião
                Ab
Mesmo de abafar
        Ab6
Do "Delicado" eu gostei

Do "Jangadeiro" também
        Bbm
Como ninguém

Porém existe um baião
            Eb7
Que é toda a minha afeição
        Ab6   Eb7
É o "Caçula", irmão
   Ab Ab6 Bbm Eb7
Baião "Caçula", meu baião
   Bbm C7   Fm   Ab7
Ai, Ai, baião do coração

         Db
Agora eu gosto
         Ddim
Agora eu canto
         Ab/Eb
Agora eu toco
         Ab
Agora eu danço
     Eb7
Baião Caçula, "Baião Caçula"
   Ab   Eb7
É o Baião (do meu coração).

Banho de espuma

Rita Lee e
Roberto Carvalho

TOM - FÁ MAIOR - F C7 F
INTRODUÇÃO: Bb/C C7 Am7 D7 Bb/C C7 F

    D7   Gm7 C7   F7M Eb7 C/E
Que tal nós dois   numa banheira de espuma
    D7   Gm7   C7/9   Gm7
El cuerpo caliente um dolce far niente
     C7/9   G/A   A7
Sem culpa nenhu__ma
   Bb   Bb7M Bdim   F7M(9)/C Eb7 D7
Fazendo massagem   relaxando a tensão
                 Gm7
Em plena vagabundagem
                Gm6 F
Com toda disposição

     D7   Gm
Falando muita bobagem
         C7   F
Esfregando com água e sabão
                    (Que tal nós dois...)
  Eb/F   F7   Bb7M
Lá no reino de Afrodite
Dm7   G7/9 C7M
O amor passa dos limites
Eb/F   F7   Bb7M
Quem quiser que se habilite
   Dm7   G7 Bb/C C7
O que não falta é ape_tite.

Linha de passe
Samba

João Bosco, Paulo Emilio e
Aldir Blanc

♩ = 125

C7
A7/C#
G/D
E7
A7
C/D
D7
A
G
G(add9)
B7
Em7
Em6
B7
Em7
Em6
A7
Ao 𝄋 duas vezes
Da 2ª vez solo e
D6/9
A7
D7
G7
C
A7/C#
G/D
Em7
A7
D7
G7
C
C#dim
G/D

Ao A e *

Em7
Am7
D7/9
G(add9)
*
G
Gm6
G
Gm6
G
Gm6
G
Gm7M
G
Gm6
G
Gm6
G
Gm6
G7
C
A7/C#
G/D
E7
A7
D7
G
G7
C6

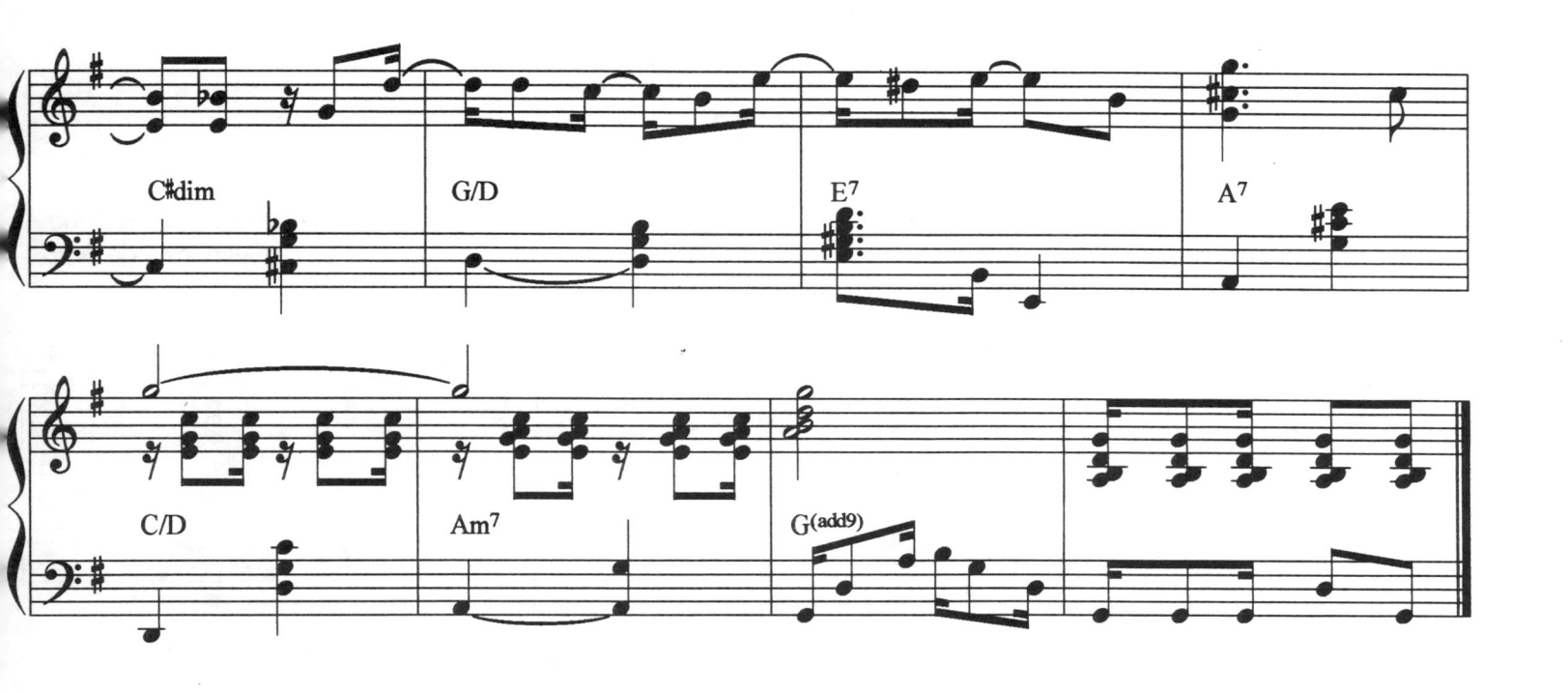

TOM - SOL MAIOR - G D7 G
INTRODUÇÃO : C/D Gadd9 Gm6 Gadd9 Gm6

```
G            Gm6         G           Gm6
Toca de tatu, linguiça e paio, Belzebu
         G           Gm6        G       Gm6
Rabada com angú, rabo de saia
 G              Gm6           G      Gm6
Naco de peru, lombo de porco com tutu
    G         Gm6     G    G7
E bolo de fubá, barriga d'água.
 C7           A7/C#      G/D           E7
Há um diz que tem e no balaio tem também.
        A7
Um só bordão bordando
     C/D        G      G7
O som, dedão, violação e diz
 C7         A/7C#      G/D          E7
Diz um diz que viu e no balaio viu também
         A7       C/D  D7  G     Gadd9
Um pega lá no toma lá dá cá do samba,
B7             Em7     Em6
Caldo de feijão, um vatapá, coração.
B7                 Em7        Em6
Boca de siri, um namorado, um mexilhão.
      A7               D6/9
E água de benzê, linha de passe, chimarrão,
A7                    D7
Babaluaê, rabo de arraia e confusão...
```

```
G7 C         A7/C#    G/D        Em7
  Cama e cafuné,   fandango e cassulê,
            A7  D7    G7    C         C#dim
Sereno e pé no   chão, bala , candomblé,
             G/D      Em7     Am7  D7/9  Gadd9
E o meu café, cadê? Não tem, vai  pão  com pão.
      B7           Em7          Em6
Já era a tirolesa, o Garrincha, a galeria,
B7              Em7             Em6
A Mayrink Veiga, o vai da valsa, e hoje em dia
            A7             D6/9
Rola a bola, é sola, esfola, cola, é pau a pau,
A7                          D7
E lá vem Portellas que nem Marquês de Pombal,
G           Gm6      G          Gm6
Mal, isso assim vai mal, mas viva o carnaval,
G          Gm6       G         Gm6
Light e sarongs, bodes, louras, King Kongs,
G           Gm6         G        Gm6
Meu pirão primeiro, é muita marmelada,
G            Gm6             G7
Puxa saco, cata resto, pato, jogo de cabresto
              C         A/7C# G/D      E7
E a pedalada quebra outro nariz, na cara  do juiz.
A7 D7  G                G7
Ai,  e há quem faça uma cachorrada
     C        C#dim  G/D       E7
E fique na banheira, ou jogue pra torcida
     A7    C/D Am7  G(add9)
Feliz da vida...
```

Pranto de poeta
Samba

Nelson Cavaquinho e
Guilherme de Brito

TOM - SÍb MAIOR - Bb F7 Bb
INTRODUÇÃO: Dm Em7(5-) A7 Dm7 Dm Em7(5-) A7 Dm

F7(5+)   Bb6/9   Bb7M   Dm7 G7
   Em manguei __ ra quando mor __ re
          Cm7 F7   Dm7(5-) G7
   Um poe __ ta, todos cho __ ram
Cm7/9(11)   F7
   Vivo   tranqüilo
          Bb   G7 C7/9
   Em mangueira porque sei que alguém

          F7/9   F7/9-(5+)
   Há de chorar quando eu morrer
F7   Cm   F7
Mas o pranto em mangueira
     Bbadd9
É tão diferente

     Dm7   G7
É um pranto sem lenço
    Cm7   Dm7
Que alegra a gente
    Em7(5-) A7
Hei de ter um alguém
   Dm7   Bb7M
Pra chorar por mim
  Em7(5-) A7
Através de um samba
   Dm7   F7
E de um tamborim, tamborim
    (2a vez final) F F7/9- Bb7M

Peguei a reta
Choro

Porfírio Costa

1.
G/D G/B A7 D7 G FIM B7 Em
F B7 Em7 B7 Em
Bm/D Bm/F# F#7 B7
Em F B7 Bm7/5- E7
Am Am/C Em B7 F#m7/5- B7/F#

2.
Em
G
G13
C
G7
C
G7
C
G7
E7
Am
D7
G/D
C
G7
C
C/G
Gm
C7
F
F♯dim
C/G
A7/G
D7
G7
C
D. C. e FIM

Pedaço de mim

Chico Buarque de Hollanda

E♭7M/G
Gm9/B♭
Gm/B♭
B♭m6
Fm/A♭
F7/A
Rall ....
B♭7sus4
B♭7/9
E♭7M(5+)
Tempo
G/D
A7/G
C/G
E♭7M/G
Gm9/B♭
Gm/B♭
B♭m6
Fm/A♭
Rall.......
F7/A
B♭7sus4
B♭7/9
E♭7M(5+)
Tempo
G/D
A7/G
C/G
E♭/G
Gm/B♭
B♭m6

TOM - SOL MAIOR - G D7 G
INTRODUÇÃO: Eb7M Eb7M(5+) Cm9/Eb Eb7M(5+) Eb7M Eb7M(5+) Cm9/Eb Eb7

```
 G                A7/G
  Oh! pedaço de mim
                C/G
  Oh! metade afastada de mim
Eb/G         Gm9/Bb
  Leva o teu olhar
Gm/Bb             Bbm6     Fm/Ab
  Que a saudade é o pior   tormento
       F7/A           Bb7sus4
  É pior do que o esquecimento

  É pior do que
Bb7/9    Eb7M  Eb7M(5+) Cm9/Eb Eb7M(5+)
  Se entrevar
 G                A7/G
  Oh! pedaço de mim
                C/G
  Oh! metade exilada de mim
Eb7M/G        Gm9/Bb
  Leva os teus sinais
          Gm/Bb Bbm6       Fm/Ab
  Que a saudade dói    como um barco
           F7/A        Bb7sus4
  Que aos poucos descreve um arco
Bb7/9      Eb7M(5+)
  E evita atracar no cais
G/D
  Oh! pedaço de mim
A7/G             C/G
  Oh! metade arrancada de mim
Eb/G          Gm9/Bb
  Leva o vulto teu
```

```
Gm/Bb             Bbm6         Fm/Ab
  Que a saudade é o revês de um parto
              F7/A    Bb7sus4
  A saudade é arrumar o quarto
              Bb7/9    Eb7M(5+)
  Do filho que já    morreu.
G/D
  Oh! pedaço de mim
A7/G             C/G
  Oh! metade amputada de mim
Eb/G          Gm9/Bb
  Leva o que há de ti
                Bbm6   Ab7M(9)
  Que a saudade dói latejada
         Fm/Ab    F7/A   Bb7sus4
  É assim como uma fisgada
                Bb7/9
  No membro que já
       Eb7M  Eb7M(5+) Cm9/Eb Eb7M(5+)
  Perdi
G/D
  Oh! pedaço de mim
A7/G             C/G
  Oh! metade adorada de mim
Eb/G          Gm9/Bb
  Lava os olhos meus
                Bbm6       Ab7M
  Que a saudade é o   pior castigo
         Fm/Ab  F7/A   Bb7sus4
  E eu não quero levar comigo
                Bb7/9 Eb
  A mortalha do amor adeus!
```

O Poeta aprendiz

Samba

Toquinho e
Vinicius de Moraes

© Copyright 1976 by BMG MUSIC PUBLISHING BRASIL LTDA.
Todos os direitos autorais reservados para todos os países. *All rights reserved.*

G7 D7 G7 Gm7 C7/9
Gm7 C7/9 Fm7 B♭7
Fm7 B♭7/9 Dm7 3 G7/13 G7 C7M
Em7 E7(5+) Am7 Gm6 F7M G7
D7 G7 F7M G7 D7

TOM - DÓ MAIOR: C G7 C
INTRODUÇÃO - C7M Em7 Am7 Dm7 G7/9-

```
        C7M              Em7        E7(5+)
Ele era um menino valente e caprino
          Am7           Gm7       C7
Um pequeno infante sadio e grimpante
     F7M        G7    F7M  Dm7   G7
De anos tinha dez e asas nos pés
          C7M              Em    E7(5+)
Com chumbo e bodoque era plic e ploc
         Am7          Gm7     C7
O olhar verde gaio    parecia um raio
F7M         G7      D7       G7
Para tangerina, pião ou menina
      Gm7          C7/9
Seu corpo moreno vivia correndo
       Gm7                  C9
Pulava no escuro não importa que muro
      Fm7                Bb7
Saltava de anjo melhor que marmanjo
      Fm7          Bb9       Dm7  G7/13  G7
E dava o mergulho sem fazer barulho ê     ê
           C7M           Em7      E7(5+)  Am7
Em bola de meia jogando de meia-direita ou de ponta
        C7         F7M         G7
Passava da conta de tanto driblar
     F7M  Dm7   G7   C7M         Em7     E7/5+
Amava era  amar, amava Leonor, menina de côr
         Am7       Gm7  C7
Amava as criadas    varrendo as escadas
 F7M        G7      D7      G7
Amava as gurias de rua vadias
         Gm7              C7
Amava suas primas com beijos e rimas
         Gm7              C7
Amava suas tias de pele macias
        Fm7           Bb7
Amava as artistas nas cine revistas
        F7M       Bb7/9       Dm7  G7
Amava a mulher a mais não poder ê     ê
           C7M         Em7       E7(5+)
Por isso fazia seu grão de poesia
          Am7              C7
E achava bonita a palavra escrita
         F     G7    D7      G7
Por isso sofria de melancolia
      F7M        G7       D7            G7              C
Sonhando o poeta que quem sabe um dia, poderia ser.
```

Nostradamus
Fox-balada

Eduardo Dusek

E♭
A♭m/C♭
A♭m7
B/A
A♭/B♭
B♭7
A♭
A♭/B♭
B♭/A♭
Gm7(5-)
C7/9-
Fm7
A♭m
G♭/B♭
E♭
E♭7
A♭
B♭/A♭
Gm7
Gm7(5-)
C7/9-
Fm7
A♭m6
B♭7(5+)
E♭
E♭7M
E♭7
E♭7/5+

TOM - MÍ BEMOL MAIOR - Eb Bb7 Eb
INTRODUÇÃO: Eb Cm Ab7 Gm Db6 C7 Fm Ab/Bb Bb7

    Bb7   Eb F#dim
Naquela manhã
                  Fm
Eu acordei tarde de bode
             Bb7
Com tudo que sei
             Fm
Acendi uma vela
         Eb   Abm/Cb
Abri a janela, e pasmei

Alguns edifícios explodiam
          Abm
Pessoas corriam
             Abm/Gb Ab/Bb Bb7
Eu disse bom dia,   ignorei.

      Eb F#dim
Telefonei,

Prum toque tenha qualquer
       Fm Bb7   Fm
E não tinha,   ninguém respondeu

Eu disse < Deus >
   Bb7
Nostradamus
    Eb
Forças do bem e da maldade
  Abm/Cb
Vudu,   calamidade
          Abm7 B/A Ab/Bb Bb7
Juizo final, então és tu?

Ab
De repente
        Ab/Bb
Na minha frente
               Bb/Ab Gm7(5-)
A esquadria de alumínio caiu
                  C7/9-
Junto com vidro fumê
               Fm7
O que fazer? Tudo ruiu

Começou tudo carcomer
  Abm
Gritei, niguém ouviu
  Gb/Bb   Eb Eb7
E olha que eu ainda fiz psiu.

Ab
O dia ficou noite
  Bb/Ab
O sol foi pro além
            Gm7
Eu preciso de alguém
Gm7(5-)   C7/9-
Vou até a cozinha
                 Fm7
Encontro Carlota a cozinheira, morta
              Abm6
Diante do meu pé, Zé!
          Bb7(5+)   Eb Eb7M Eb7
Eu falei, eu gritei, eu implorei!
  Ab7M Ab6 Fm7   B7 Bb7/9
Levan__ta,   me serve um café...
               Eb
Que o mundo acabou...

Olhe o tempo passando

Dolores Duran e
Edson Borges

```
TOM - FA MAIOR - F  C7  F
INTRODUÇÃO: F7M/9  Bb/C  F7M/9  Bb/C  C7/9-
```

F7M   D7/9-
Olhe,
          Gm7   G#dim
Você vai embora
            Am7   Dm7
Não me quer agora
          Bm7   E7/9-
Promete voltar
Am7   D7
Hoje,
       Gm7   C7
Você faz pirraça
      Am7(5-)   D7
Até acho graça
        Gm7
Se me vir chorar
  Bb/C C7/9-   F7M/C
A vida   acaba um pouco todo dia
  Bb/C   Bb7M Gm9 F7M/9 E7/9-
Eu sei e você finge não saber
Am7   D7   Bm7 Em7
E pode ser que quando você volte
   Am   D7/9-   G7/13 G7/13- Gm9 C7/9-
   Já seja um pouco tarde pra viver

F7M   D7/9-
Olha,
        Gm7   G#dim
O tempo passando
          Am7   D7
Você me perdendo
          Bm7   E7/9-
Com medo de amar
Am7   D7
Olha,
       Gm7   G#dim
Se fico sozinha
       F7M/C
Acabo cansando
  Bb/C   F Gm7/C C7/9-
De tanto esperar.
          Bbm7 Am7 Gm9 Gb7M/9

Meu drama
Samba

Silas de Oliveira e
J. Ilarindo

G7
C7M
C7M/G
F7M
E7(5+)
1.
Am7
D7
Dm
G7
C6/9
2.
G7/9-
C6/9
B♭7
A7
Dm7
G7
C7M
C/B♭
A7/9-
Dm7
G7
C7M/9
F♯m7(5-)
B7
Em7
Em/D
C7
B7
Em
F7M

TOM - DÓ MAIOR - C G7 C
INTRODUÇÃO: F7M E7 Am7 D7 Am7 D7 Dm7 G7(5+)

BIS

C7M G6/B Am7
Sin__to
   Am7   Dm7 G7 Dm7
Abalada a minha calma
     G7   C7M Bb/C C7 F7M
Embriagada a minh' alma
       F7   Bm7/5- E7
Efeito da sua sedução
F7M Dm7   G7   C7M   C7M/G F7M
Oh!   minha romântica senhora tentação
     E7/5+   Am7   D7
Não deixe que eu venha sucumbir
Dm7   G7   C6/9 G7/9-(13)
Neste vendaval de paixão
          C6/9 Bb7 A7

Dm7   G7   C7M C/Bb A7/9-
Jamais, pensei em minha vida
Dm7   G7   C7M/9
Sentir tamanha emoção
  F#m7/5- B7   Em7
Será que o amor por ironia
     Em/D   C7
Deu - me esta fantasia
  B7   Em F7M
Vestida de obsessão
     E7   Am7 D7 Am7
A ti confesso me apaixonei
    D7   Dm7   G7/5+
Será uma maldição, não sei...

Meditação
Bossa Nova

Antonio Carlos Jobim e
Newton Mendonça

G7(5+)
F7M
Fm/A♭
Fm6
Em7
E♭dim
Dm7
G7(5+)
C7M
C6/9
B7sus4
B7
C7M
G7(5+)
C7M
Em7
Em7/9
A7/13
A7
Dm7
Fm7
Fm6

```
TOM - DÓ MAIOR - C G7 C
INTRODUÇÃO: C A7 Dm7 G7/13
```

```
         C7M   C6/9   B7sus4   B7
         Quem      acreditou
   B7       C7M       G7(5+)    C7M
         No amor, no sorriso, na flor
            Em7            A13    A7
         Então sonhou, sonhou...
         Dm7   Fm7       Fm6
         E perdeu a paz
              C7M/E            A7(9-)
         O amor, o sorriso e a flor
                  Dm7    Dm7/9   G7(5+)
         Se transforma depressa demais
         C7M   C6/9   B7sus4   B7
         Quem      no coração
             C7M      G7(5+)   C7M
         Abrigou a tristeza de ver
                 Em7        A13    A7
         Tudo isso se perder
         Dm7   Fm7       Fm6
         E na solidão
               Em7                A7(9-)
         Escolheu um caminho e seguiu
                 Dm7        Dm7/9   G7(5+)
         Já discrente de um dia   feliz
         F7M      Fm/Ab      Fm6
         Quem chorou, chorou
              Em7         Ebdim   Dm7  G7(5+)
         E tanto que seu pranto já secou
         C7M   C6/9   B7sus4      B7
         Quem      depois voltou
              C7M       G7(5+)    C7M
         Ao amor, ao sorriso e a flor
              Em7      Em7/9    A7
         Então tudo encon_trou
         Dm7   Fm7         Fm6
         Pois a própria dor
              C7M/G   A7/5+      Dm7
         Revelou o caminho ao amor
                 G7/13   C6   C6/9   G7(5+)
         E a tristeza acabou...
                 C6   C6/9 (fim)
```

Mania de você

Rita Lee e
Roberto de Carvalho

TOM - DÓ MENOR - Cm G7 Cm

```
     Cm           F7         Cm    F7
Meu bem, você me dá água na boca
     Cm           F7         Fm7   Bb7
Vestindo fantasias, tirando a rou__pa
     Fm7        Bb7        Eb7M      Ab7M
Molhada de suor de tanto a gente se beijar
     Am7/5-    Ab7/11+   F/G   G7
De tanto imaginar     loucu__ras


     Cm           F7         Cm    F7
A gente faz amor por telepatia
            Cm           F7         Fm7   Bb7
No chão, no mar, na lua, na melodi__a
       Fm7      Bb7      Eb7M      Ab7M
Mania de você, de tanto a gente se beijar
       Am7/5-   Ab7/11+   F/G   G7
De tanto imaginar     loucu_ras
                            Cm F7 Cm F7

Cm       Cm7/9      Eb/F
Nada melhor do que não fazer nada
Cm7      Cm7/9   F7
Só pra deitar e rolar com você
Cm       Cm7       Eb/F
Nada melhor do que não fazer nada
Cm7      Cm7/9   F7
Só pra deitar e rolar com você.
```

Manhãs de setembro

Vanusa e
Mário Campanha

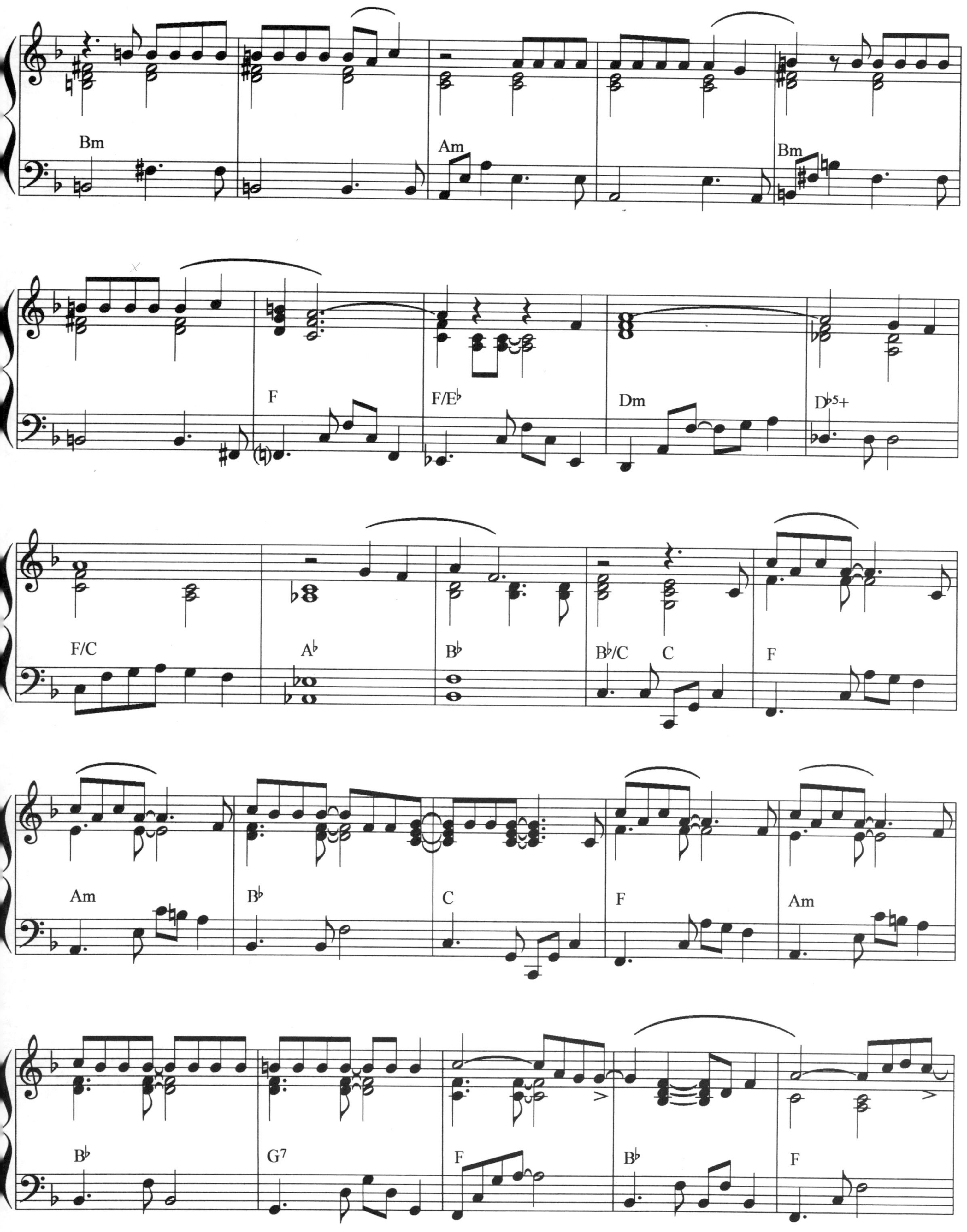
Bm Am Bm
F F/E♭ Dm D♭5+
F/C A♭ B♭ B♭/C C F
Am B♭ C F Am
B♭ G7 F B♭ F

TOM - FÁ MAIOR - F C7 F

       F
         Fui eu quem se fechou no mundo
Csus4   C
         E se guardou lá fora
Bb   Bb/C   F
         Fui eu quem num esforço se guardou na indiferênça
 F   C
         Fui eu quem numa tarde se fez tarde de tristezas
Bb   C7   F
         Fui eu que consegui ficar e ir embora
 F   Am/E Am   Bm
         E fui esqueci____da, fui eu
Bm
         Fui eu que em noite fria se sentia bem
Am   Bm
         E na solidão, sem ter ninguem, fui eu
                                   F   F/Eb
         Fui eu que em primavera só não viu as flores
  Dm Db5+   F/C Ab   Bb   Bb/C C
  O sol   nas manhãs   de setembro.

              F   Am
         Eu quero sair, eu quero falar
             Bb   C
         Eu quero ensinar, os vizinhos a cantar
                   (2a vez) - G7
             F   Bb
BiS Nas manhãs de setembro
             F   Bb
         Nas manhãs de setembro

         (Para final) - F   Bb/C   Fadd9

Coisa mais Linda

Bossa-nova

Carlos Lyra e
Vinicius de Moraes

♩ = 68

G7/13(9-) C7M/9 Cdim7 Bdim7
A7 D7/9 G7/9 C7/9 F7
Fm6/G C7M Am/C Am7 Em7 Am7
D7/9 D7 Gsus4 G7sus4 G7/13
G7/13(9) C7M Cdim7 Bdim7
A7/9 D7/9 G7/9 C7/9 F7

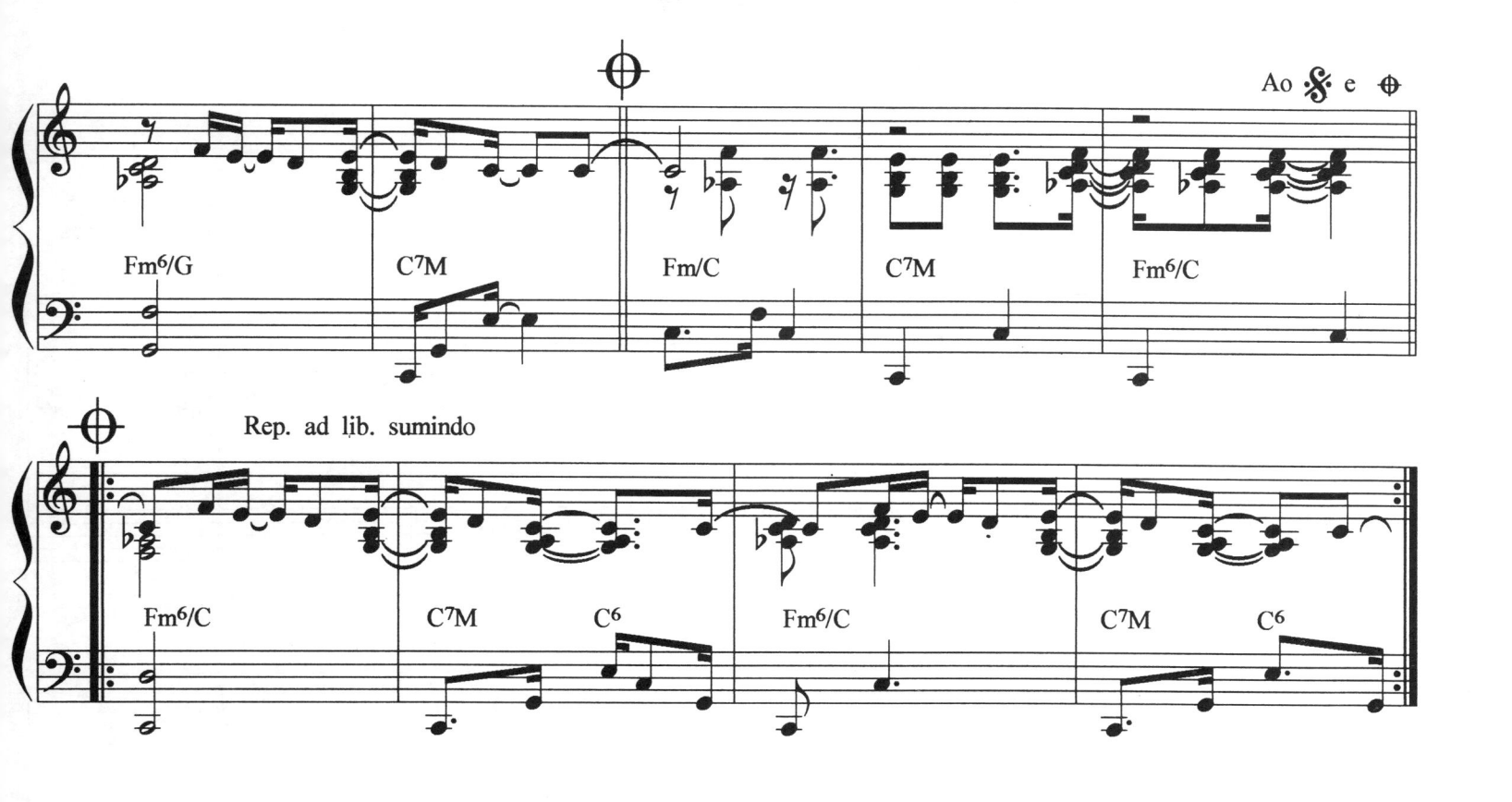

```
TOM - DÓ MAIOR - C G7 C
INTRODUÇÃO: D7/9(13)  D7/9(13-)  Dm7  G7/13(9-)
```

    C7M   C7M/9   E7/9-(5+)   E7/9- A7sus4 A7
Coisa mais bonita   é você,   assim
     Gm7/9 C7/9   F7
Justinho você, eu juro,
     Bbm6   A7   D7/13 D7/13- Dm7 G7/13(9-)
Eu não sei porque você,
   C7M/9   Cdim   Bdim7
Você é mais bonita que a flor
     A7   D7/9   G7/9   C7/9
Quem dera   a primavera da flor,
  F7 Fm6/G   C7M   Am/C
Tivesse   todo esse aroma de beleza
Am7   Em7
Que é o amor
    Am7   D7/9
Perfumando a natureza
    D7   Gsus4 G7sus4 G7/13 G7/13(9)
Numa forma de mulher
  C7M   Cdim7
Porque tão linda assim
   Bdim7 A7/9 D7/9
Não existe a flor
        G7/9   C7/9
Nem mesmo a cor não existe
   F7 Fm6/G   C7M   Fm/C C7M Fm6/C
E o amor,   nem mesmo o amor existe.
                                Fm6/C C7M C6

Sol de primavera

Beto Guedes e
Ronaldo Bastos

C#m7
G#m7
C#m7
A7M/9
A6/C#
B
A
B
A(add9)
1.
B7/4(9)
E
C#m7
2.
A(add9)
Orq.
F
G/F
F
Vocalise
F6
F
Fdim
A7M(9)/E
A6/C#
F
F7M
Fm7M
Fm6
D(add9)/A

A/C#
D(add9)/A
C#m7/G#
C#m7
Orq.
B/F#
A7M/9
A7M/B
E
mp
C#m7
G#m7
C#m7
A7M/9
A6/C#
B
A
B
A(add9)
B7/4(9)
E
C#m7
G#m7
C#m7
A7M/9

TOM - FÁ MAIOR - E B7 E
INTRODUÇÃO: D7M/A A/C# D7M/A A7M/E B/F# Aadd9 B7/4(9)

```
E                    C#m7
   Quando entrar setembro
G#m7      C#m7           A7M/9  A6/C#
   E a boa nova andar nos cam_pos
B            A
   Quero ver brotar o perdão
B               A(add9)
   Onde a gente plantou
 B7/4(9)        E
  (Juntos   outra vez)
                C#m7
   Já sonhamos juntos
G#m7      C#m7           A7M/9  A6/C#
   Semeando as canções no ven_to
B            A
   Quero ver crescer nossa voz
B               A(add9)
   No que falta sonhar
```

```
E                    C#m7
   Já choramos muito
G#m7      C#m7           A7M(9)  A6/C#
   Muitos se perderam no camin__ho
B            A
   Mesmo assim não custa inventar
B               A(add9)
   Uma nova canção
 B7/4(9)           E
  (Que venha nos trazer)
                C#m7
   Sol de primavera
G#m7      C#m7           A7M(9)  A6/C#
   Abre as janelas do meu pei__to
B            A
   A lição sabemos de cor
B               A(add9)
   Só nos resta aprender.
```

E se
Samba

Francis Hime e
Chico Buarque de Hollanda

A♭7M/B♭
B♭7
F6/G
G7/9
E♭7M
E♭7M/9
E♭m6
B♭(add9)
G7sus4
G7
Cm7
F7sus4
F7
A♭7M/B♭
B♭7
G7sus4
G7
E♭7M
E♭7M/9
E♭m6
B♭7M/F
B♭6/9
G7sus4
G7/5+
Cm7

F7sus4
F7
A♭7M/B♭
B♭7
G7sus4
G7
E♭7M
E♭7M/9
E♭m6
B♭7M/F
B♭6/9
G7sus4
G7/5+
Cm7
F7sus4
F7
A♭7M/B♭
B♭7
G7sus4
G7
E♭7M
E♭7M/9
E♭m6
B♭7M
B♭6/9
G7sus4
G7/5+

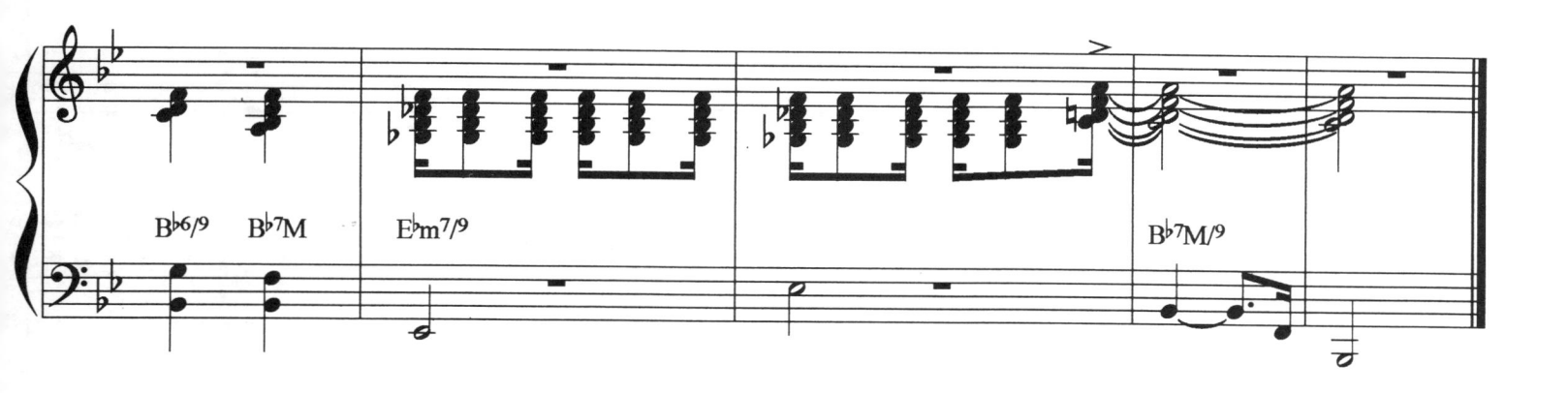

TOM - SÍb MAIOR - Bb F7 Bb
INTRODUÇÃO: Bb7M/9 Ab7M/Bb

Bbadd9   Ab7M/Bb Bb7M/9 Ab7M/Bb Bbadd9
E se o oceano   incendiar
      Ab7M/Bb   Dm7   G7/9   Eb7M
E se cair neve no sertão
          Ebm6   Bb7M
E se o urubu cocorocar
     Bb6/9   G7sus4 G7 Cm7
E se o Botafogo for campeão
           F7sus4 F7 Ab7M/Bb
E se o meu dinheiro não faltar
     Bb7   F6/G   G7/9 Eb7M
E se o delegado for gentil
     Eb7M/9   Ebm6 Bbadd9
E se tiver bife no jantar
          G7sus4 G7 Cm7
E se o Carnaval cair em abril
         F7sus4 F7 Ab7M/Bb
E se o telefone funcionar
     Bb7   G7sus4 G7 Eb7M
E se o Pantanal virar pirão
     Eb7M/9   Ebm6 Bb7M/F
E se o Pão de Açúcar desmanchar

     Bb6/9   G7sus4 G7(5+) Cm7
E se tiver sopa pro peão
         F7sus4 F7 Ab7M/Bb
E se o oceano incendiar
     Bb7   G7sus4 G7 Eb7M
E se o Arapiraca for campeão
       Eb7M/9   Ebm6 Bb7M/F
E se à meia noite o sol raiar
     Bb6/9   G7sus4 G7(5+) Cm7
E se o meu país for um jardim
         F7sus4 F7 Ab7M/Bb
E se eu convidá-la pra dançar
     Bb7   G7sus4 G7 Eb7M
E se ela ficar assim, assim
       Eb7M/9   Ebm6 Bb7M
E se eu lhe entregar meu coração
     Bb6/9   G7sus4 G7(5+) Cm7
Meu coração for um quindim
         F7sus4 F7
E se meu amor gostar então
  Bb/F Bb6/9 Bb7M Ebm7/9 Bb7M/9
De mim.

Dolente
Choro

Jacob do Bandolim

1.
G#dim
Gdim
Dm
A
E7
A7
2.
E♭
A7
Dm
C7
Ao
e
F
B♭
Edim
B♭
G7
Cm/E♭
D7
Gm
C7
F
G7
Cm
A7
Dm
Edim7
B♭/F
G/F
Cm/E♭
F7
B♭
C7
Do
ao
F

Arrependimento
Samba

Sylvio Caldas e
Cristovão de Alencar

TOM - DÓ MENOR - Cm G7 Cm
INTRODUÇÃO: Fm/Ab Fm6 Bb7/9 Eb7M
G7sus4 Fdim Cm7 Adim G#dim Cm/G G7

```
     Cm         Bb7            Eb
O arrependimento quando chega
  Fm6    Cm         G7   Cm Ab7/13 G7
Faz chorar, oi!... faz chorar
        Cm          Bb7        Eb   Eb7M
Os olhos ficam logo rasos d'agua
 Dm7/5-  G7 Cm        Fm7/Ab G7   Cm7/9
E o   coração parece até   que vai parar
    Cm              G7
Para ver se te esquecia
     G7(5+)       Cm
Procurei amar alguém
                Dm7(5-)  Fm/Ab
Mas eu vi que não podia
       G7(5+)       C7
Viver sem te querer bem
```

```
              Fm
Hoje estou arrependido
       Dm7/5- Fm/Ab Cm/G Cm
Implorando o teu perdão
          Cm/Bb    D7/A
Muito eu tenho sofrido
          G7     Cm7 Gsus4 G7
Com esta separação.


            Cm       Dm7/5-  Fm/Ab
Fui o único culpado
       G7(5+)        Cm
Da nossa separação
                Dm7/5-  Fm/Ab
Por isso tenho amargado
      G7(5+)         C7
Pagando na solidão
              Fm
O meu arrependimento
       Dm7/5- Fm/Ab Cm/G Cm
É sincero    de  verdade
                    D7/A
Pensa ao menos um momento
      G7     Cm Gsus4 G7
Na nossa felicidade.
```

Amoroso
Choro-canção

Garôto e
Luiz Bittencourt

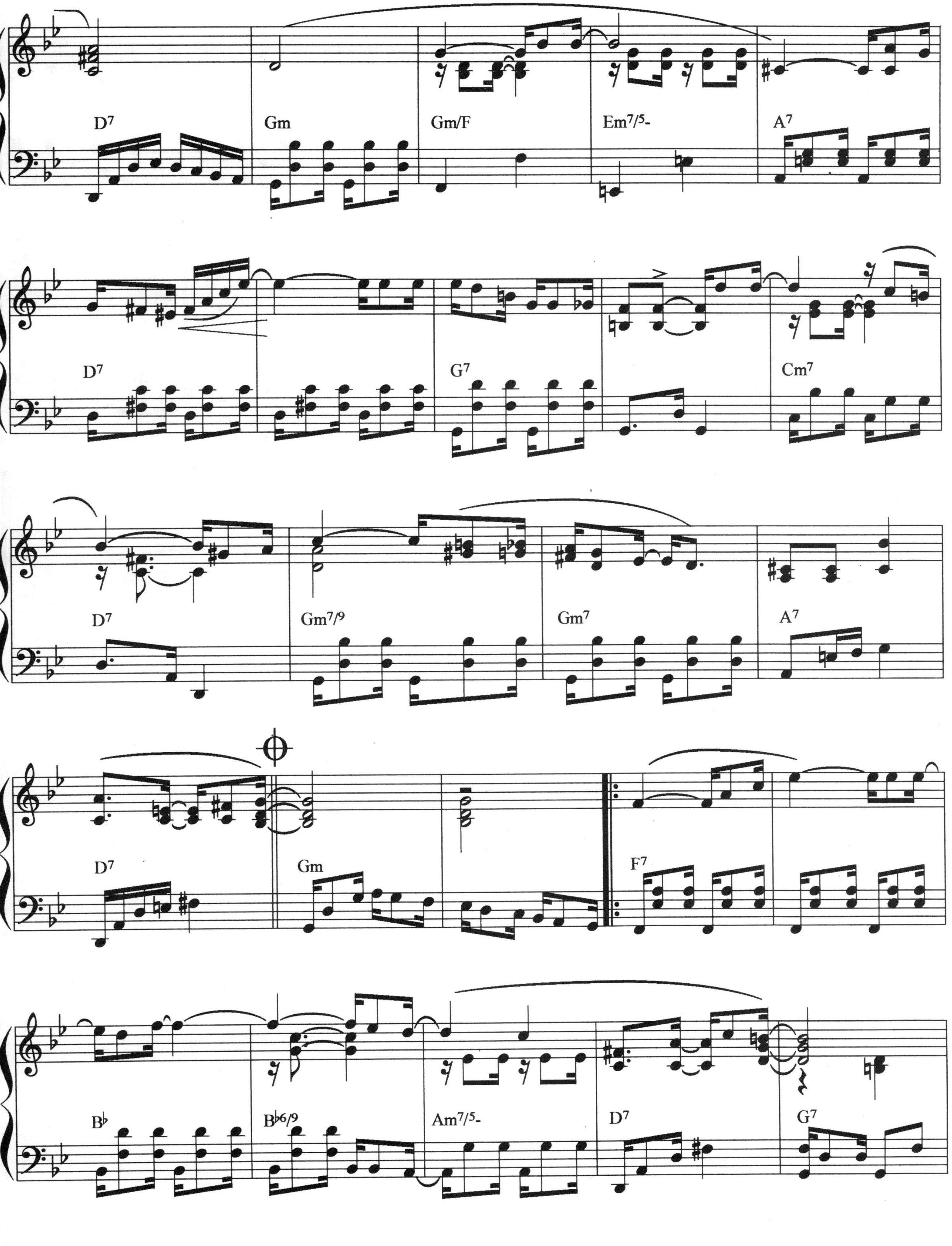
D7
Gm
Gm/F
Em7/5-
A7
D7
G7
Cm7
D7
Gm7/9
Gm7
A7
D7
Gm
F7
B♭
B♭6/9
Am7/5-
D7
G7

TOM - SOL MENOR - Gm D7 Gm
INTRODUÇÃO: Cm7 D7/9- Gm Gm/Bb A7 D7 Gm Eb7 D7

```
       Gm  Gm/F      Em7/5-   A7
       Disseste um di_____a
                    D7
       --Tu és tão amoroso
                       Adim   Gm
       E eu te quero tanto...
       Gm      Em7/5- A7    Dm
       Sem teu       carinho eu sei,
            A7
       Que a vida não terá prazer
            Am7/5-          D7
       Eu juro , afirmo que não!...
       Gm      Em7/5-
       Acreditei
       A7       D7
       Que realmente existisse amizade
            G7
       Ao ver tanta sinceridade
            Cm7       D7      Gm9
       Errei ao julgar teu amor
                    Gm7       A7
       Sem pensar na crueldade
            D7       Gm
       Do teu coração
```

```
       F7                  Bb
       Nosso romance terminou,
            Am7/5-   D7       G7
       Nem a   saudade ficou.
                Edim      Dbdim
       E hoje a indiferença
                          Bb
       Que existe entre nós
                 G7           C7/G
       Nem de leve faz lembrar
                C7/9       F7
       Nosso grande amor
       F7                  Bb
       Ponto final, tudo acabou.
            Am7/5-   D7          G7
       Quimera que nos trouxe dor
                Edim              Dbdim
       O que se passou entre nós
                          Bb/F
       Foi somente ilusão.
        G/F              C7/G
       Ilusão que maltratou,
                 F7  Bb
       O meu coração.
```

Maluco beleza

Raul Seixas e
Claudio Roberto

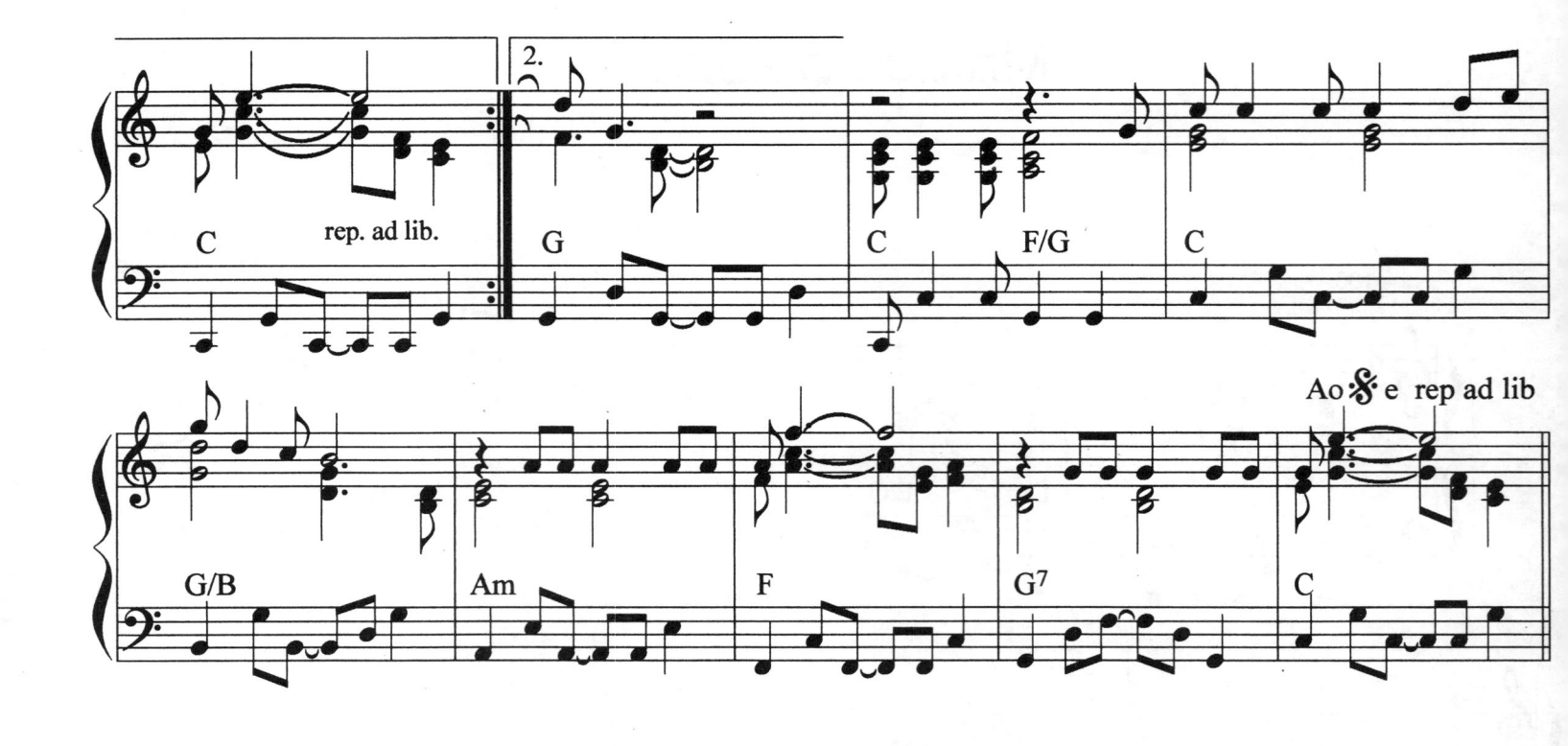

TOM - DÓ MAIOR - C G7 C
INTRODUÇÃO: C Dm7 F/G

```
         C              G/B
Enquanto você se esforça
           Am           F   G7
Pra ser  um sujeito normal
              C   G7
E fazer tudo igual
C
Eu do meu lado
         G/B       Am
Aprendendo a ser  louco
       F  G7          C  Am  Dm
Um maluco total    na loucura real
                   G         Dm
Controlando a minha maluquez
                     G    F/G
Misturada com minha lucidez
           C
Vou ficar,
E7             F
Ficar com certeza
         G              C
Maluco Beleza eu vou ficar
E7             F
Ficar com certeza
         G     C  F/G
Maluco Beleza.
```

```
       C
E esse caminho
          G/B         Am
Que eu mesmo escolhi
                  F   G7
É tão fácil seguir
                    C  Am  Dm
Por não ter onde ir
                     G    Dm
Controlando a minha maluquez
                     G    F/G
Misturada com minha lucidez
           C
Vou ficar

       E7            F
BIS | Ficar com certeza
    |          G
    | Maluco Beleza eu vou ficar
    |       C
    | Vou ficar...
```

VOLUME 1

- ABISMO DE ROSAS
- ÁGUAS DE MARÇO
- ALEGRIA, ALEGRIA
- AMANTE À MODA ANTIGA
- AMIGO
- A NOITE DO MEU BEM
- APANHEI-TE, CAVAQUINHO
- APELO
- AQUARELA BRASILEIRA
- ARROMBOU A FESTA
- AS ROSAS NÃO FALAM
- ATRÁS DA PORTA
- BACHIANAS BRASILEIRAS N° 5
- BOA NOITE, AMOR
- BOATO
- CAÇADOR DE MIM
- CAFÉ DA MANHÃ
- CANÇÃO QUE MORRE NO AR
- CARCARÁ
- CARINHOSO
- CAROLINA
- CHÃO DE ESTRELAS
- CIDADE MARAVILHOSA
- CONCEIÇÃO
- DÁ NELA
- DE CONVERSA EM CONVERSA
- DEUSA DA MINHA RUA
- DISSE ME DISSE
- DORINHA, MEU AMOR
- DUAS CONTAS
- EMOÇÕES
- ESMERALDA
- ESSES MOÇOS
- ESTÃO VOLTANDO AS FLORES
- ESTRADA DA SOLIDÃO
- FESTA DO INTERIOR
- FIM DE SEMANA EM PAQUETÁ
- FIO MARAVILHA
- FLOR AMOROSA
- FOLHAS SÊCAS
- GAROTA DE IPANEMA
- GENTE HUMILDE
- GOSTO QUE ME ENROSCO
- INFLUÊNCIA DO JAZZ
- JANGADEIRO
- JANUÁRIA
- JURA
- LADY LAURA
- LÁGRIMAS DE VIRGEM
- LATA D'ÁGUA
- LIGIA
- LUAR DO SERTÃO
- LUIZA
- MARVADA PINGA
- MATRIZ OU FINAL
- MEU BEM QUERER
- MEUS TEMPOS DE CRIANÇA
- MODINHA
- NA PAVUNA
- NÃO DÁ MAIS PRA SEGURAR (EXPLODE CORAÇÃO)
- NÃO EXISTE PECADO AO SUL DO EQUADOR
- NÃO IDENTIFICADO
- NOSSOS MOMENTOS
- Ó ABRE ALAS
- O BÊBADO E A EQUILIBRISTA
- O MORRO NÃO TEM VEZ
- ONDE ANDA VOCÊ
- OS SEUS BOTÕES
- O TEU CABELO NÃO NÉGA
- PARALELAS
- PELA LUZ DOS OLHOS TEUS
- PELO TELEFONE
- PÉTALA
- PRELÚDIO PARA NINAR GENTE GRANDE
- QUANDO VIM DE MINAS
- REFÉM DA SOLIDÃO
- REGRA TRÊS
- ROMARIA
- RONDA
- SAMBA EM PRELÚDIO
- SE ELA PERGUNTAR
- SEI LÁ MANGUEIRA
- SERRA DA BOA ESPERANÇA
- SERTANEJA
- SE TODOS FOSSEM IGUAIS A VOCÊ
- SÓ DANÇO SAMBA
- SONS DE CARRILHÕES
- SUBINDO AO CÉU
- TERNURA ANTIGA
- TICO-TICO NO FUBÁ
- TRAVESSIA
- TREM DAS ONZE
- TROCANDO EM MIÚDOS
- TUDO ACABADO
- ÚLTIMO DESEJO
- ÚLTIMO PAU DE ARARA
- VALSINHA
- VASSOURINHA
- VERA CRUZ
- VIAGEM

VOLUME 2

AÇAÍ
A DISTÂNCIA
A FLOR E O ESPINHO
A MONTANHA
ANDRÉ DE SAPATO NOVO
ATÉ AMANHÃ
ATÉ PENSEI
ATRÁS DO TRIO ELÉTRICO
A VIDA DO VIAJANTE
BATIDA DIFERENTE
BLOCO DA SOLIDÃO
BONECA
BREJEIRO
CHEIRO DE SAUDADE
CHICA DA SILVA
CHOVE CHUVA
CHUVA, SUOR E CERVEJA
CHUVAS DE VERÃO
CADEIRA VAZIA
CANÇÃO DO AMANHECER
CANTO DE OSSANHA
DA COR DO PECADO
DINDI
DOMINGO NO PARQUE
ELA É CARIOCA
EU SONHEI QUE TU ESTAVAS TÃO LINDA
EXALTAÇÃO À BAHIA
EXALTAÇÃO A TIRADENTES
FÉ
FEITIÇO DA VILA
FOI A NOITE
FOLHAS MORTAS
FORÇA ESTRANHA
GALOS, NOITES E QUINTAIS
HOJE
IMPLORAR
INÚTIL PAISAGEM
JESUS CRISTO
LAMENTOS
LEMBRANÇAS
MARIA NINGUÉM
MARINA
MAS QUE NADA
MEU PEQUENO CACHOEIRO
MEU REFRÃO
MOLAMBO
MULHER RENDEIRA
MORMAÇO
MULHER
NOITE DOS NAMORADOS

NO RANCHO FUNDO
NOVA ILUSÃO
Ó PÉ DE ANJO
OBSESSÃO
ODEON
O DESPERTAR DA MONTANHA
OLHOS VERDES
O MENINO DE BRAÇANÃ
O MUNDO É UM MOINHO
ONDE ESTÃO OS TAMBORINS
O ORVALHO VEM CAINDO
O QUE É AMAR
PAÍS TROPICAL
PASTORINHAS
PIERROT APAIXONADO
PISA NA FULÔ
PRA DIZER ADEUS
PRA FRENTE BRASIL
PRA QUE MENTIR?
PRA SEU GOVERNO
PRIMAVERA (VAI CHUVA)
PROPOSTA
QUASE
QUANDO EU ME CHAMAR SAUDADE
QUEREM ACABAR COMIGO
RANCHO DA PRAÇA ONZE
RETALHOS DE CETIM
RETRATO EM BRANCO E PRETO
RODA VIVA
SÁBADO EM COPACABANA
SAMBA DE ORFEU
SÁ MARINA
SAUDADES DE OURO PRETO
SAUDOSA MALOCA
SE ACASO VOCÊ CHEGASSE
SEGREDO
SEM FANTASIA
TARDE EM ITAPOAN
TATUAGEM
TERRA SÊCA
TESTAMENTO
TORÓ DE LÁGRIMAS
TRISTEZA
TRISTEZAS NÃO PAGAM DÍVIDAS
ÚLTIMA FORMA
VAGABUNDO
VAI LEVANDO
VAMOS DAR AS MÃOS E CANTAR
VÊ SE GOSTAS
VIVO SONHANDO

VOLUME 3

A BAHIA TE ESPERA
ABRE A JANELA
ADEUS BATUCADA
AGORA É CINZA
ÁGUA DE BEBER
AMADA AMANTE
AMIGA
AQUELE ABRAÇO
A RITA
ASA BRANCA
ASSUM PRETO
A VOLTA DO BOÊMIO
ATIRASTE UMA PEDRA
BARRACÃO
BERIMBAU
BODAS DE PRATA
BOIADEIRO
BOTA MOLHO NESTE SAMBA
BOTÕES DE LARANJEIRA
CAMINHEMOS
CANSEI DE ILUSÕES
CAPRICHOS DE AMOR
CASA DE CABOCLO
CASTIGO
CHORA TUA TRISTEZA
COM AÇÚCAR, COM AFETO
COM QUE ROUPA
CONSELHO
DEBAIXO DOS CARACÓIS DE SEUS CABELOS
DISSERAM QUE EU VOLTEI AMERICANIZADA
DOIS PRA LÁ, DOIS PRA CÁ
ÉBRIO
É COM ESSE QUE EU VOU
ELA DISSE-ME ASSIM (VAI EMBORA)
ESTRELA DO MAR (UM PEQUENINO GRÃO DE AREIA)
EU E A BRISA
EU DISSE ADEUS
EXALTAÇÃO À MANGUEIRA
FALA MANGUEIRA
FAVELA
FOLHETIM
GENERAL DA BANDA
GRITO DE ALERTA
INGÊNUO
LÁBIOS QUE BEIJEI
LOUVAÇÃO
MANIAS
ME DEIXE EM PAZ
MEU BEM, MEU MAL
MEU MUNDO CAIU
MOCINHO BONITO
MORENA FLOR
MORRO VELHO
NA BAIXA DO SAPATEIRO (BAHIA)
NA RUA, NA CHUVA, NA FAZENDA
NÃO TENHO LÁGRIMAS
NEM EU
NESTE MESMO LUGAR
NOITE CHEIA DE ESTRELAS
NOSSA CANÇÃO
O AMOR EM PAZ
O MOÇO VELHO
O PEQUENO BURGUÊS
OPINIÃO
O PORTÃO
O TIC TAC DO MEU CORAÇÃO
PAZ DO MEU AMOR
PEDACINHOS DO CÉU
PIVETE
PONTEIO
POR CAUSA DE VOCÊ MENINA
PRA MACHUCAR MEU CORAÇÃO
PRIMAVERA
PRIMAVERA NO RIO
PROCISSÃO
QUEM TE VIU, QUEM TE VÊ
QUE PENA
QUE SERÁ
REALEJO
RECADO
REZA
ROSA
ROSA DE MAIO
ROSA DOS VENTOS
SAMBA DO ARNESTO
SAMBA DO AVIÃO
SAMBA DO TELECO-TECO
SAMURAI
SAUDADE DA BAHIA
SAUDADE DE ITAPOAN
SE VOCÊ JURAR
SE NÃO FOR AMOR
SÓ LOUCO
TAJ MAHAL
TEM MAIS SAMBA
TRISTEZAS DO JECA
TUDO É MAGNÍFICO
VINGANÇA
VOCÊ
ZELÃO

VOLUME 4

- ALÉM DO HORIZONTE
- AMOR CIGANO
- APENAS UM RAPAZ LATINO AMERICANO
- ARGUMENTO
- ARRASTA A SANDÁLIA
- ATIRE A PRIMEIRA PEDRA
- A VOZ DO VIOLÃO
- BAIÃO
- BAIÃO DE DOIS
- BANDEIRA BRANCA
- BEIJINHO DOCE
- CABELOS BRANCOS
- CAMA E MESA
- CAMISOLA DO DIA
- CANÇÃO DE AMOR
- CANTA BRASIL
- CASA DE BAMBA
- CASCATA DE LÁGRIMAS
- COMO É GRANDE O MEU AMOR POR VOCÊ
- COMEÇARIA TUDO OUTRA VEZ
- COMO DIZIA O POETA
- CONVERSA DE BOTEQUIM
- COPACABANA
- COTIDIANO
- CURARE
- DELICADO
- DESACATO
- DE PAPO PRO Á
- DE TANTO AMOR
- DISRITMIA
- DOCE DE CÔCO
- DÓ-RÉ-MI
- É LUXO SÓ
- EVOCAÇÃO
- FALTANDO UM PEDAÇO
- FEITIO DE ORAÇÃO
- GOSTAVA TANTO DE VOCÊ
- GOTA D'ÁGUA
- JARDINEIRA
- LAURA
- LEVANTE OS OLHOS
- LINDA FLOR
- LOBO BÔBO
- MANHÃ DE CARNAVAL
- MANINHA
- MENINO DO RIO
- MENSAGEM
- MEU CONSOLO É VOCÊ
- MIMI
- MINHA
- MINHA NAMORADA
- MINHA TERRA
- MULHERES DE ATENAS
- NA CADÊNCIA DO SAMBA
- NA GLÓRIA
- NADA ALÉM
- NÃO SE ESQUEÇA DE MIM
- NAQUELA MESA
- NÃO TEM SOLUÇÃO
- NATAL DAS CRIANÇAS
- NERVOS DE AÇO
- NINGUÉM ME AMA
- NONO MANDAMENTO
- NUNCA MAIS
- O BARQUINHO
- O CIRCO
- O INVERNO DO MEU TEMPO
- OLHA
- OLHOS NOS OLHOS
- O MAR
- O PATO
- O PROGRESSO
- O QUE EU GOSTO DE VOCÊ
- O SAMBA DA MINHA TERRA
- O SOL NASCERÁ
- O SURDO
- OS ALQUIMISTAS ESTÃO CHEGANDO
- OS QUINDINS DE YAYÁ
- PARA VIVER UM GRANDE AMOR
- PASSAREDO
- PÉROLA NEGRA
- PIERROT
- QUANDO
- QUEM HÁ DE DIZER
- RIO
- SAIA DO CAMINHO
- SE É TARDE ME PERDOA
- SONOROSO
- SUGESTIVO
- SÚPLICA CEARENSE
- TÁ-HI!
- TEREZINHA
- TEREZA DA PRAIA
- TRANSVERSAL DO SAMBA
- TRÊS APITOS
- ÚLTIMA INSPIRAÇÃO
- UPA NEGUINHO
- URUBÚ MALANDRO

VOLUME 5

ACALANTO
ACORDA MARIA BONITA
A FONTE SECOU
AGORA NINGUÉM CHORA MAIS
A JANGADA VOLTOU SÓ
ALÔ, ALÔ, MARCIANO
AOS PÉS DA CRUZ
APESAR DE VOCÊ
A PRIMEIRA VEZ
ARRASTÃO
AS CURVAS DA ESTRADA DE SANTOS
A TUA VIDA É UM SEGREDO
AVE MARIA (SAMBA)
AVE MARIA (VALSA)
AVE MARIA NO MORRO
BALANÇO DA ZONA SUL
BASTIDORES
BEM-TE-VI ATREVIDO
BLOCO DO PRAZER
BORANDÁ
BRASILEIRINHO
BRASIL PANDEIRO
CABOCLO DO RIO
CASTIGO
CAMISA LISTADA
CAPRICHOS DO DESTINO
CHOVE LÁ FORA
CHUÁ-CHUÁ
COMO NOSSOS PAIS
CONSTRUÇÃO
COTIDIANO Nº 2
DANÇA DOS SETE VÉUS (SALOMÉ)
DETALHES
DIA DE GRAÇA
DOCE VENENO
DORA
EMÍLIA
ESSE CARA
EU AGORA SOU FELIZ
EU BEBO SIM
EU TE AMO MEU BRASIL
EXPRESSO 2222
FALSA BAIANA
FERA FERIDA
FIM DE CASO
FITA AMARELA
FOI UM RIO QUE PASSOU EM MINHA VIDA
FOLIA NO MATAGAL
GAVIÃO CALÇUDO
GAÚCHO (CORTA JACA)

HOMEM COM H
HOMENAGEM AO MALANDRO
INQUIETAÇÃO
INSENSATEZ
JARRO DA SAUDADE
JOÃO E MARIA
KALÚ
LUA BRANCA
MÁGOAS DE CABOCLO (CABOCLA)
MARIA
MARINGÁ
MEIGA PRESENÇA
MENINA MOÇA
MEU CARIRI
MEU CARO AMIGO
MORENA DOS OLHOS D'ÁGUA
MULATA ASSANHADA
NÃO DEIXE O SAMBA MORRER
NÃO ME DIGA ADEUS
NEGUE
NICK BAR
NINGUÉM É DE NINGUÉM
NUNCA
OCULTEI
O QUE SERÁ (A FLOR DA TERRA)
O SHOW JÁ TERMINOU
O TROVADOR
OUÇA
PALPITE INFELIZ
PENSANDO EM TI
PONTO DE INTERROGAÇÃO
POR CAUSA DE VOCÊ
PRA VOCÊ
QUANDO AS CRIANÇAS SAÍREM DE FÉRIAS
QUE MARAVILHA
RISQUE
RAPAZIADA DO BRAZ
SAMBA DA BENÇÃO
SAUDADE DE PÁDUA
SAUDADE FEZ UM SAMBA
SE QUERES SABER
SÓ COM VOCÊ TENHO PAZ
SORRIS DA MINHA DOR
SUAS MÃOS
TIGRESA
VELHO REALEJO
VOCÊ ABUSOU
VOCÊ EM MINHA VIDA
VOLTA POR CIMA
XICA DA SILVA

VOLUME 6

A BANDA
AS CANÇÕES QUE VOCÊ FEZ PRA MIM
AH! COMO EU AMEI
AI! QUEM ME DERA
ALGUÉM COMO TU
ALGUÉM ME DISSE
ALÔ ALÔ
ANDANÇA
ANOS DOURADOS
AVENTURA
BILHETE
CHARLIE BROWN
CABELOS NEGROS
CACHOEIRA
CAMUNDONGO
CANÇÃO DA MANHÃ FELIZ
CANÇÃO DA VOLTA
CHEGA DE SAUDADE
CHORA CAVAQUINHO
CHOVENDO NA ROSEIRA
CHUVA DE PRATA
COISAS DO BRASIL
COMEÇAR DE NOVO
CORAÇÃO APAIXONADO
CORAÇÃO APRENDIZ
CORAÇÃO ATEU
CORAÇÃO DE ESTUDANTE
CORCOVADO
DÁ-ME
DE VOLTA PRO ACONCHEGO
DEIXA
DEIXA EU TE AMAR
DESAFINADO
É DOCE MORRER NO MAR
ENCONTROS E DESPEDIDAS
ESTA NOITE EU QUERIA QUE O MUNDO ACABASSE
EU SEI QUE VOU TE AMAR
EU SÓ QUERO UM XODÓ
EU TE AMO
ESCRITO NAS ESTRELAS
FLOR DE LIS
ISTO AQUI O QUE É
JURAR COM LÁGRIMAS
KID CAVAQUINHO
LUA E ESTRELA
LUAR DE PAQUETÁ
LUZ DO SOL
MARIA MARIA
MÁSCARA NEGRA
MINHA PALHOÇA (SE VOCÊ QUIZESSE)
MISTURA
MORENA BOCA DE OURO
NANCY
NO TABULEIRO DA BAIANA
NOS BAILES DA VIDA
NOITES CARIOCAS
NOSSA SENHORA DAS GRAÇAS
O "DENGO" QUE A NEGA TEM
O MENINO DA PORTEIRA
O SANFONEIRO SÓ TOCAVA ISSO
O TRENZINHO DO CAIPIRA
OS PINTINHOS NO TERREIRO
ODARA
ORGULHO
OUTRA VEZ
OVELHA NEGRA
PAPEL MARCHÉ
PEDIDO DE CASAMENTO
PEGA RAPAZ
PISANDO CORAÇÕES
PRECISO APRENDER A SER SÓ
PRIMEIRO AMOR
QUE BATE FUNDO É ESSE?
QUERO QUE VÁ TUDO PRO INFERNO
QUIXERAMOBIM
RASGUEI O TEU RETRATO
SABIÁ
SAMBA DE UMA NOTA SÓ
SAMBA DE VERÃO
SAMBA DO CARIOCA
SAMBA DO PERDÃO
SAXOFONE, PORQUE CHORAS?
SE DEUS ME OUVISSE
SE EU QUISER FALAR COM DEUS
SEI QUE É COVARDIA... MAS
SENTADO À BEIRA DO CAMINHO
SERENATA SUBURBANA
SETE MARIAS
SINA
SOLIDÃO
TRISTEZA DANADA
UM A ZERO (1 x 0)
VAI PASSAR
VIDE VIDA MARVADA
VIOLA ENLUARADA
VIOLÃO NÃO SE EMPRESTA A NINGUÉM
VOCÊ E EU
WAVE
ZÍNGARA
ZINHA

VOLUME 7

A FELICIDADE
A MAJESTADE O SABIÁ
A SAUDADE MATA A GENTE
A VOZ DO MORRO
ÁLIBI
ALMA
ANDORINHA PRETA
ANTONICO
AS PRAIAS DESERTAS
AS VOZES DOS ANIMAIS
AVE MARIA
AZUL
AZUL DA COR DO MAR
BABY
BANDEIRA DO DIVINO
BALADA DO LOUCO
BALADA TRISTE
BATUQUE NO MORRO
BEIJO PARTIDO
BOLINHA DE PAPEL
BONECA DE PIXE
BRANCA
CAMISA AMARELA
CANÇÃO DA AMÉRICA
CASA NO CAMPO
CASINHA DA MARAMBAIA
CÉU E MAR
COMO UMA ONDA
COMO VAI VOCÊ
CORAÇÃO APRENDIZ
DAS ROSAS
DE CORAÇÃO PRA CORAÇÃO
DENTRO DE MIM MORA UM ANJO
DESLIZES
DEZESSETE E SETECENTOS
ERREI, ERRAMOS
ESQUINAS
EU DARIA MINHA VIDA
EU TE AMO VOCÊ
ÊXTASE
FICA COMIGO ESTA NOITE
FOI ELA
FOGÃO
GAROTO MAROTO
IZAURA
JUVENTUDE TRANSVIADA
LAMPIÃO DE GÁS
LAPINHA
LEVA MEU SAMBA (MEU PENSAMENTO)
LILÁS

LONDON LONDON
MADALENA
MAMÃE
MARCHA DA QUARTA-FEIRA DE CINZAS
MOÇA
MORO ONDE NÃO MORA NINGUÉM
MUITO ESTRANHO
NADA POR MIM
NADA SERÁ COMO ANTES
NAMORADINHA DE UM AMIGO MEU
NÃO QUERO VER VOCÊ TRISTE
NEM MORTA
NÓS E O MAR
O LADO QUENTE DO SER
O QUE É QUE A BAIANA TEM
O TREM AZUL
OS MENINOS DA MANGUEIRA
PALCO
PÃO E POESIA
PARA LENNON E McCARTNEY
PEDE PASSAGEM
PEGANDO FOGO
PEGUEI UM "ITA" NO NORTE
POEMA DAS MÃOS
PRA COMEÇAR
PRA NÃO DIZER QUE NÃO FALEI DAS FLORES
QUEM É
QUEM SABE
RAPAZ DE BEM
RECADO
ROQUE SANTEIRO
ROSA MORENA
ROTINA
SAMPA
SANGRANDO
SAUDADES DE MATÃO
SEDUZIR
SÓ EM TEUS BRAÇOS
SÓ TINHA DE SER COM VOCÊ
SORTE
TELEFONE
TEMA DE AMOR DE GABRIELA
TRISTE MADRUGADA
UM DIA DE DOMINGO
UM JEITO ESTÚPIDO DE TE AMAR
UMA NOITE E MEIA
VAGAMENTE
VOCÊ É LINDA
VOLTA
XAMEGO

VOLUME 8

- A LENDA DO ABAETÉ
- A LUA E EU
- A VOLTA
- ADOCICA
- AGUENTA CORAÇÃO
- AI! QUE SAUDADES DA AMÉLIA
- AMANHÃ
- AMÉRICA DO SUL
- ANTES QUE SEJA TARDE
- AZULÃO
- BACHIANAS BRASILEIRAS nº4
- BAHIA COM H
- BANDOLINS
- BANHO DE CHEIRO
- BEATRIZ
- BOI BUMBÁ
- CAIS
- CANÇÃO DA CRIANÇA
- CANÇÃO DO AMOR DEMAIS
- CODINOME BEIJA-FLOR
- COM MAIS DE 30
- COMUNHÃO
- CORAÇÃO DE PAPEL
- DANÇANDO LAMBADA
- DESABAFO
- DESESPERAR JAMAIS
- DISPARADA
- DONA
- EGO
- ESMOLA
- ESPANHOLA
- ESPINHA DE BACALHAU
- ETERNAS ONDAS
- EU DEI
- EU NÃO EXISTO SEM VOCÊ
- FACEIRA
- FÃ Nº 1
- FANATISMO
- FARINHADA
- FLOR DO MAL
- FOI ASSIM
- FORRÓ NO CARUARÚ
- FRACASSO
- FUSCÃO PRETO
- GOSTOSO DEMAIS
- GITA
- HINO DO CARNAVAL BRASILEIRO
- ILUSÃO À TOA
- ISTO É LÁ COM SANTO ANTÔNIO
- JURA SECRETA
- LÁBIOS DE MEL
- LEVA
- LINHA DO HORIZONTE
- LUA E FLOR
- LUZ NEGRA
- ME CHAMA
- MEIA LUA INTEIRA
- MERGULHO
- MEU QUERIDO, MEU VELHO, MEU AMIGO
- MEU MUNDO E NADA MAIS
- MEXERICO DA CANDINHA
- MUCURIPE
- NA BATUCADA DA VIDA
- NA HORA DA SEDE
- NA SOMBRA DE UMA ÁRVORE
- NÓS QUEREMOS UMA VALSA
- NUVEM DE LÁGRIMAS
- O AMANHÃ
- O HOMEM DE NAZARETH
- OLÊ - OLÁ
- O MESTRE SALA DOS MARES
- O SAL DA TERRA
- OCEANO
- ONDE ESTÁ O DINHEIRO?
- O XÓTE DAS MENINAS
- PEDRO PEDREIRO
- PEQUENINO CÃO
- PIOR É QUE EU GOSTO
- PODRES PODERES
- QUEM AMA, NÃO ENJOA
- REALCE
- REVELAÇÃO
- SÁBADO
- SAIGON
- SAUDADE
- SEM COMPROMISSO
- SCHOTTIS DA FELICIDADE
- SIGA
- SURURÚ NA CIDADE
- TALISMÃ
- TEM CAPOEIRA
- TETÊ
- TIETA
- UMA LOIRA
- UMA NOVA MULHER
- UNIVERSO NO TEU CORPO
- VERDADE CHINESA
- VIDA DE BAILARINA
- VOCÊ JÁ FOI À BAHIA?
- VITORIOSA

VOLUME 9

A COR DA ESPERANÇA
A PAZ
ACONTECE
ACONTECIMENTOS
ADMIRÁVEL GADO NOVO
AMOR DE ÍNDIO
AMOROSO
AOS NOSSOS FILHOS
APARÊNCIAS
ARREPENDIMENTO
AVES DANINHAS
BAIÃO CAÇULA
BAILA COMIGO
BANHO DE ESPUMA
BEIJA-ME
BIJUTERIAS
BOAS FESTAS
BOM DIA TRISTEZA
BRIGAS NUNCA MAIS
BRINCAR DE VIVER
CÁLICE
CASINHA BRANCA
CASO COMUM DE TRÂNSITO
CHOROS Nº 1
COISA MAIS LINDA
COMEÇO, MEIO E FIM
CORAÇÃO LEVIANO
CORRENTE DE AÇO
DÁ-ME TUAS MÃOS
DE ONDE VENS
DEVOLVI
DOLENTE
E NADA MAIS
E SE
ESPELHOS D´ÁGUA
ESPERE POR MIM, MORENA
ESTÁCIO HOLLY ESTÁCIO
ESTRANHA LOUCURA
EU APENAS QUERIA QUE VOCÊ SOUBESSE
FACE A FACE
FAZ PARTE DO MEU SHOW
FÉ CEGA, FACA AMOLADA
FEIA
FEIJÃOZINHO COM TORRESMO
FIM DE NOITE
FITA MEUS OLHOS
FOI ASSIM
FOTOGRAFIA
GUARDEI MINHA VIOLA
HOMENAGEM A VELHA GUARDA

IDEOLOGIA
ILUMINADOS
JOU-JOU BALANGANDANS
LAMENTO NO MORRO
LINDO BALÃO AZUL
LINHA DE PASSE
MALUCO BELEZA
MANHÃS DE SETEMBRO
MANIA DE VOCÊ
MEDITAÇÃO
MEU DRAMA
MINHA RAINHA
MORRER DE AMOR
NOSTRADAMUS
O POETA APRENDIZ
O TREM DAS SETE
OLHE O TEMPO PASSANDO
ORAÇÃO DE MÃE MENININHA
PEDAÇO DE MIM
PEGUEI A RETA
PELO AMOR DE DEUS
PERIGO
POXA
PRANTO DE POETA
PRECISO APRENDER A SÓ SER
PRELÚDIO
PRELÚDIO Nº 3
PRO DIA NASCER FELIZ
QUALQUER COISA
QUANDO O TEMPO PASSAR
RANCHO DO RIO
RATO RATO
RENÚNCIA
RIO DE JANEIRO (ISTO É MEU BRASIL)
SAUDADE QUERIDA
SEM PECADO E SEM JUÍZO
SENTINELA
SEPARAÇÃO
SEREIA
SERENATA DA CHUVA
SOL DE PRIMAVERA
SOMOS IGUAIS
SONHOS
SORRIU PRA MIM
TELETEMA
TODA FORMA DE AMOR
TODO AZUL DO MAR
TRISTEZA DE NÓS DOIS
UM SER DE LUZ
UMA JURA QUE FIZ

VOLUME 10

- A LUA QUE EU TE DEI
- A MULHER FICOU NA TAÇA
- A TERCEIRA LÂMINA
- ACELEROU
- ALVORECER
- AMAR É TUDO
- ASSIM CAMINHA A HUMANIDADE
- AVE MARIA DOS NAMORADOS
- BLUES DA PIEDADE
- BOM DIA
- BYE BYE BRASIL
- CALÚNIA
- CASO SÉRIO
- CHORANDO BAIXINHO
- CHUVA
- CIGANO
- CIRANDEIRO
- CLUBE DA ESQUINA Nº 2
- COISA FEITA
- COR DE ROSA CHOQUE
- CORAÇÃO VAGABUNDO
- DEUS LHE PAGUE
- DEVOLVA-ME
- DIVINA COMÉDIA HUMANA
- DOM DE ILUDIR
- É DO QUE HÁ
- É O AMOR
- ENTRE TAPAS E BEIJOS
- ESPERANDO NA JANELA
- ESQUADROS
- ESTE SEU OLHAR
- ESTRADA AO SOL
- ESTRADA DA VIDA
- EU VELEJAVA EM VOCÊ
- FEITINHA PRO POETA
- FEZ BOBAGEM
- FORMOSA
- FULLGAS
- GOOD BYE BOY
- INFINITO DESEJO
- IRACEMA
- JOÃO VALENTÃO
- JUÍZO FINAL
- LANÇA PERFUME
- LATIN LOVER
- LEÃO FERIDO
- LUA DE SÃO JORGE
- LUZ E MISTÉRIO
- MAIS FELIZ
- MAIS UMA VALSA, MAIS UMA SAUDADE
- MALANDRAGEM
- MENTIRAS
- METADE
- METAMORFOSE
- MINHA VIDA
- MINHAS MADRUGADAS
- NÃO ME CULPES
- NÃO TEM TRADUÇÃO
- NAQUELA ESTAÇÃO
- NÚMERO UM
- O QUE É, O QUE É
- O QUE TINHA DE SER
- O SONHO
- O TEMPO NÃO PARA
- OBA LA LA
- ONTEM AO LUAR
- OURO DE TOLO
- PARTIDO ALTO
- PAU DE ARARA
- PEDACINHOS
- PELA RUA
- PENSAMENTOS
- PODER DE CRIAÇÃO
- POR CAUSA DESTA CABOCLA
- POR ENQUANTO
- POR QUEM SONHA ANA MARIA
- PORTA ESTANDARTE
- PRA QUE DINHEIRO
- PRAÇA ONZE
- PRECISO DIZER QUE TE AMO
- PRECISO ME ENCONTRAR
- PUNK DA PERIFERIA
- RAINHA PORTA-BANDEIRA
- RESPOSTA AO TEMPO
- RIO
- SE...
- SEI LÁ A VIDA TEM SEMPRE RAZÃO
- SENTIMENTAL DEMAIS
- SERENATA DO ADEUS
- SINAL FECHADO
- SÓ PRA TE MOSTRAR
- SOZINHO
- SUAVE VENENO
- TRISTE
- VALSA DE REALEJO
- VIAGEM
- VILA ESPERANÇA
- VOCÊ
- VOU VIVENDO

IMPRESSO EM DEZEMBRO/2010